L'ALGÉRIE

EN 1846.

Paris. — Imprimerie de Firmin Didot frères, rue Jacob, 56.

L'ALGÉRIE

EN 1846,

PAR A. DESJOBERT,

DÉPUTÉ DE LA SEINE-INFÉRIEURE.

> « La vie et les membres de mille braves matelots anglais ont plus de prix et sont plus importants que *la totalité des États barbaresques.* »
> NAPOLÉON.—*O'Meara*, tome Ier, p. 469.

> « Un temps viendra où l'on sera honteux de tant de sottises, et où les colonies n'auront plus d'autres défenseurs que ceux à qui elles offrent des places lucratives à donner ou à recevoir, le tout aux dépens des peuples. »
> J. B. SAY, *Traité d'économie politique,* 5ᵉ édition, tome Ier, p. 370.

PARIS,

GUILLAUMIN, LIBRAIRE-ÉDITEUR

Du Journal des Économistes, et de la Collection des principaux Économistes, etc.,
RUE RICHELIEU, 14.

BORRANI, LIBRAIRE,

RUE DES SAINTS-PÈRES, 7.

1846.

L'ALGÉRIE

EN 1846.

CHAPITRE PREMIER.

ÉTAT DE LA QUESTION.

Nous ne discuterons pas ici les prétendus avantages de la colonisation. Nous l'avons fait ailleurs.

Nous avons établi que nous ne pouvions coloniser comme faisaient les Grecs et les Romains, — qu'il est impossible d'introduire à Alger le mode de gouvernement des Anglais dans l'Inde, — qu'Alger ne possède aucun des éléments de colonisation qui font la prospérité des États-Unis d'Amérique, — qu'on ne peut établir, ni sous le rapport du sol ni sous celui des habitants, aucune comparaison entre Alger et l'Égypte, — que les colonies pénales sont aujourd'hui condamnées comme moyen pénitentiaire, et que l'expérience faite par les Anglais à Botany-Bay doit nous garantir d'une semblable entreprise à Alger, — et enfin que le régime colonial ne peut être introduit en Afrique au moment où il croule de toutes parts, aux acclamations unanimes des colonies et des métropoles [1].

Plus tard nous avons établi que nous ne pouvons réédifier à Alger le système turc, que quelques personnes regrettent encore [2].

Enfin, nous avons combattu l'application du régime colonial à l'Algérie [3].

L'idée de coloniser l'Algérie n'a pu être enfantée que par l'ignorance la plus complète des plus simples notions d'économie politique, et par l'oubli des faits coloniaux qui se sont accomplis sur le globe.

L'expérience commence à faire comprendre les difficultés de l'entreprise de colonisation. Les prétentions des colonistes diminuent : elles se bornent aujourd'hui à des essais de culture en vue de nourrir les 100,000 soldats que nous avons en Afrique, et les 100,000 administrateurs, débitants, brocanteurs, ouvriers à la suite de l'armée. Pour les nourrir il faudrait, dans la proportion qui existe en Europe, entre les cultivateurs et les autres classes des populations, environ 500,000 cultivateurs. On verra, au chapitre V, qu'en dépit de toutes les déceptions jetées en pâture à l'opinion publique, la colonisation est nulle, et que la population agricole n'est que de 2,000 individus.

[1] *Question d'Alger*, p. 45.
[2] *L'Algérie en 1838.*
[3] *L'Algérie en 1844.*

Les colonistes ne peuvent contester, et reconnaissent :

1° Que l'Europe seule alimente les 200,000 européens qui sont en Algérie. — On est obligé de répéter, en 1846, ce que le général Bernard, ministre de la guerre, disait en 1838 : « L'Algérie « ressemble à un rocher nu sur lequel il faut tout « transporter, excepté l'air et l'eau. »

2° Que tant que nous resterons dans cette situation précaire, une guerre maritime, interrompant les communications, compromet la sûreté de notre armée. — On est obligé de répéter, en 1846, ce que M. Thiers disait en 1837 : « Si la « guerre vient vous surprendre dans l'état d'in« décision où vous êtes, je dis qu'il faudra éva« cuer honteusement l'Afrique. »

M. Thiers ne disait pas toute la vérité en parlant d'évacuation. Dans une pareille extrémité, l'évacuation serait impossible. Notre armée périrait de misère, et ses débris tomberaient entre les mains de l'ennemi.

Pour conjurer ce danger, les algérophiles disent : *Colonisons, produisons.*

Nous examinerons leurs systèmes divers, après avoir dit quelques mots de l'armée d'Afrique, de la soumission des Arabes, des sacrifices que l'Afrique impose à la France, et des nouveaux moyens de gouvernement proposés.

———

CHAPITRE II.

DE L'ARMÉE D'AFRIQUE.

Effectif croissant. — Déceptions. — Recrutement nécessaire. —
Mortalité.

Effectif
croissant,
Dans le principe, le maréchal Clauzel ne demandait que 10,000 hommes pour fonder une riche et puissante colonie [1].

En 1836, M. Thiers, président du conseil, et les maréchaux Clauzel et Maison avaient conçu un plan de *domination générale et absolue* pour l'exécution duquel ils ne demandaient que 30,000 hommes de troupes régulières et 5,000 indigènes irréguliers [2].

En 1837, M. le maréchal Bugeaud disait à la chambre qu'avec 45,000 hommes et une campagne bien faite on pouvait arriver en six mois à la pacification, et qu'alors on pourrait réduire l'armée à 20,000 hommes qui ne coûteraient rien à la France, étant payés sur les impôts du pays [3].

En 1838, M. Dufaure trouvait considérable l'effectif de 48,000 hommes : il l'accordait néan-

[1] *Observations du maréchal Clauzel*, 1831, p. 9 et 10.
[2] Instructions communiquées à la commission des crédits extraordinaires de 1837.
[3] *Moniteur*, 1837, p. 140.

moins, et espérait que la paix permettrait de le réduire [1].

Nous sommes à quinze ans des promesses de M. Clauzel, à dix ans des appréciations de M. Thiers, à neuf ans des calculs de M. Bugeaud, à huit ans des espérances de M. Dufaure. La commission du budget « déplore une situation qui nous condamne à avoir une armée de plus de 100,000 hommes sur cette terre d'Afrique [2]. » Les Arabes sont loin d'être soumis, la colonisation n'est pas commencée, M. Bugeaud proclame en toute occasion qu'il faudra pour occuper l'Afrique une armée aussi forte que celle qui a été nécessaire pour la conquérir. Le général de Lamoricière répète avec le maréchal Bugeaud que nous serons obligés pour bien longtemps, sinon pour toujours, à maintenir dans la colonie une armée à peu près égale à celle qu'on a dû employer jusqu'ici dans la lutte [3].

Déceptions.

Nous sommes donc condamnés, au dire des plus experts, à entretenir indéfiniment en Afrique une armée de 100,000 hommes.

Pour entretenir 100,000 hommes en Afrique, il faut chaque année :

Recrutement nécessaire.

1° Le temps de service étant de sept ans, remplacer les jeunes gens qui rentrent dans

[1] Rapport du 29 mai, p. 24.
[2] Rapport de M. Bignon du 15 avril 1846, p. 237.
[3] *Moniteur algérien* du 4 juin 1845.

leurs foyers, c'est-à-dire, le septième de l'ef-
fectif.   14,285

Mortalité.   2° Remplacer ceux qui périssent des
maladies d'Afrique. Certaines années pré-
sentent une énorme mortalité. Ainsi, en
1840, sur un effectif de 63,000 hommes,
nous avons perdu dans les hôpitaux
d'Afrique 9,567 hommes : et en comptant ceux qui ont péri dans les hôpitaux
de France et dans leurs familles, les
pertes ont dû s'élever à plus de 11,000.
Toute l'armée était entrée aux hôpitaux
une fois et un tiers [1]. Le chiffre le plus
modéré que l'on puisse porter pour un
effectif de 100,000 hommes est de.   6,000

Recrutement annuel.   20,285

Nous ne parlerons pas des morts pour faits de
guerre : leur nombre est peu considérable. Nous
avons perdu sur le champ de bataille pendant les
dix premières années :

     140 hommes par an [2];
     227 . . . . en 1840 [3];
     349 . . . . en 1841 [3];
     225 . . . . en 1842 [3];
     84 . . . . en 1843 [3];
     100 . . . . à la prise de Constantine [4];

[1] Tableau des établissements, 1840, p. 41 et 61.
[2] Communication à la commission des crédits de 1840.
[3] Communication à la commission des crédits de 1841.
[4] Dépêche du 7 octobre 1837.

9 hommes à l'affaire de la Smala [1];

27 ......, à la bataille d'Isly [2];

C'est ce qu'un honorable général, qui a fait la guerre d'Afrique, explique en disant : « On perd peu de soldats par le feu dans cette guerre, espèce de *chasse aux hommes* sur une grande échelle, où les Arabes, étrangers à la tactique européenne, n'ayant pas de boulets à échanger contre les nôtres, ne combattent pas à armes égales [3]. »

C'est dans les hôpitaux que nous avons perdu les 100,000 hommes que l'Afrique a dévorés. C'est là que se met en mouvement le crible funéraire si énergiquement dépeint par le général Duvivier. « Un homme dont la constitution n'est pas en harmonie avec le climat d'Afrique, ne s'y assimile jamais ; il souffre, il dépérit, il meurt... L'expression qu'une masse d'hommes envoyés en Afrique depuis un certain temps s'est acclimatée, est inexacte. *Il n'y a pas eu acclimatement, il y a eu triage par la mort. C'est un* GRAND CRIBLE *qui laisse passer rapidement tout ce qui n'est pas de telle force* [4]. »

Quoi qu'il en soit, le recrutement de l'armée d'Afrique enlève chaque année à leurs familles au moins 20,285 enfants, sur lesquels 6,000 environ périssent de maladies.

[1] Bulletin du 20 mai 1843.
[2] Bulletin du 17 avril 1844.
[3] Discours du général Castellane à la Chambre des Pairs du 4 juillet 1845.
[4] Solution de la question de l'Algérie, p. 19 et 21.

CHAPITRE III.

DE LA SOUMISSION DES ARABES.

Ce qui est en présence en Afrique. — La chute d'Abd-el-Kader ne changera rien. — L'ancienne Numidie. — Le Caucase. — Haine des Arabes. — Extermination des Arabes. — Funeste pour nous. — Ils ne sont pas soumis.

Qu'ont produit ces efforts, ces sacrifices, et le dévouement admirable de nos soldats? Les Arabes sont-ils soumis?

Ce qui est en présence en Afrique. L'erreur incurable des algérophiles est de toujours mettre en présence et en comparaison les 400 mauvais cavaliers d'Abd-el-Kader, et les 100,000 bons soldats français qui sont en Afrique. Ce n'est pas là ce que l'Afrique met en présence.

Ce qui est en présence, le voici :

De notre côté, 100,000 hommes qui représentent la force physique, force physique irrésistible lorsqu'on lui opposera une autre force physique. — Du côté des Arabes, la nationalité, la religion, la propriété, la famille à défendre, toutes choses se résumant dans leur tête et dans leur cœur en idées, en sentiments, en passions.

Or, avec la force physique, on ne contraint pas des idées, des sentiments, des passions. Abd-el-Kader n'a aucune force par lui-même, il n'a ni soldats, ni organisation, ni finances; mais il trouve partout sympathie, assentiment, obéissance, parce qu'il résume les idées, les sentiments et les passions du pays.

Les algérophiles, depuis douze ans qu'ils courent après Abd-el-Kader, font preuve de peu d'intelligence, en répétant chaque matin: Prenons Abd-el-Kader, et tout sera fini. La mort d'Abd-el-Kader ne changerait pas notre position, ni celle des Arabes. Nous serons toujours les ennemis de leur religion et de leur nationalité; les perturbateurs des mœurs et de la famille arabes, les envahisseurs de leur propriété. Ils auront toujours les mêmes intérêts, les mêmes idées, les mêmes sentiments, les mêmes passions. Après Abd-el-Kader surgira un autre homme qui représentera les mêmes intérêts, les mêmes idées, les mêmes sentiments, les mêmes passions : cet homme sera quelque temps à se révéler, mais il se révélera, parce que chaque époque produit toujours l'homme qui représente le sentiment public.

Le raisonnement l'indique et l'histoire le confirme à chaque page de ses annales. A ceux qui nous jettent toujours à la tête l'histoire romaine, nous rappellerons qu'en Afrique, à l'endroit même où ils nous proposent de suivre l'exemple des Romains, ces grands conquérants, après cent soixante ans d'occupation militaire, avaient à lutter contre l'indigène Tacfarinas, le huitième ou dixième chef des insurrections numides; et cependant entre les Romains et les Nu-

La chute d'Abd-el-Kader ne changera rien.

L'ancienne Numidie.

mides n'existait pas la haine des religions qui existe entre les chrétiens et les mahométans, car les Romains avaient élevé des autels aux dieux inconnus.

A ceux qui ont plus de confiance dans les enseignements de l'histoire moderne, nous mettrons sous leurs yeux la lutte des Russes et des Caucasiens qui dure depuis cent vingt-quatre ans. Aujourd'hui les Russes ont dans le Caucase 130,000 hommes, et n'en sont pas plus maîtres que lors de la première expédition de Pierre le Grand. Depuis lors cinq ou six chefs, produits par des intérêts et des passions semblables à ceux qui fermentent en Algérie, se sont succédé. Les politiques de Saint-Pétersbourg, n'apercevant que l'homme et non l'idée qu'il représente, répètent incessamment : Il faut prendre Kasy-Mollah, il faut prendre Chamyl, comme nos politiques répètent : Il faut prendre Abd-el-Kader. — Le dernier chef caucasien, à la poursuite duquel ils se sont mis, était Kasy-Mollah; après lui tout devait être fini. Kasy-Mollah a disparu ; Chamyl l'a remplacé, plus puissant que son prédécesseur. Chamyl disparaîtra : il aura un successeur. — Ainsi se continue cette successibilité sainte et efficace; sainte, car elle donne son appui aux droits d'un peuple; efficace, car elle se porte toujours sur celui qui s'est montré le plus capable, le plus fort, le plus dévoué et, par conséquent, le plus utile.

Lors des guerres de Numidie, les généraux triomphateurs avaient déjà obtenu à Rome trois statues couronnées de laurier; et cependant Tacfarinas ravageait encore la province [1]. Les Romains ont-ils jamais conquis une soumission réelle?

Combien de fois les bulletins russes ont-ils proclamé la soumission des Caucasiens! En 1844, le comte Woronzoff gagne la bataille de Dargo; il est élevé à la dignité de prince héréditaire. Les Caucasiens sont-ils soumis?

Combien de fois n'a-t-on pas proclamé la soumission des Arabes! En 1844, aussi, le général Bugeaud gagne la bataille d'Isly; il est élevé à la dignité de duc. Les Arabes sont-ils soumis?

Que reste-t-il de toutes nos victoires? un millier de bulletins, et les grandes toiles d'Horace Vernet!

Au jour où les Arabes comparaissent devant les juges qui disposent de la vie et de la mort, les Arabes, confessant leur foi, proclament à leur tour leur haine contre nous; et, lorsque nous avons la simplicité de leur dire que quelques-uns d'entre eux nous sont dévoués, ils nous répondent : « Ceux-là vous mentent par peur ou par intérêt; et, toutes les fois qu'il viendra un schériff qu'ils croiront capable de vous vaincre, ils le suivront tous, fût-ce pour vous attaquer dans Alger [2]. »

Haine des Arabes.

[1] Tacite, *Annales*, liv. IV, § XXIII.
[2] Interrogatoire du frère de Bou-Maza du 12 novembre 1845.

C'est ainsi que s'exprimait le chef. Le simple Arabe avait déjà dit au chrétien : « Quand on fera bouillir ma tête avec la tienne, mon bouillon se séparera du tien. »

Exter-
mination
des
Arabes.

La seule chose raisonnable, en s'emparant du pays pour y implanter une population européenne, était la destruction de la population indigène. Quelque couleur que l'on donne à ce fait, de quelque voile qu'on le couvre, c'est toujours l'extermination. — En 1831, le maréchal Clauzel demandait si elle était nécessaire [1] ; — en 1833, le maréchal Soult demandait si elle était praticable [2] ; — aujourd'hui, le secrétaire de la présidence du conseil des ministres veut « fonder pacifiquement la colonisation en étouffant dans ses flots les vagues mourantes de la nationalité arabe [3]. »

Quelle que soit la recherche du style, peut-on voir dans cette phrase autre chose qu'une pensée d'extermination ?

Depuis seize ans donc, se poursuit la destruction par le fer, par le feu, surtout par la misère. Cette destruction est érigée en système par le gouverneur général [4].

---

[1] *Nouvelles observations du maréchal Clauzel*, p. 38.
[2] *Instructions pour la commission envoyée en Afrique*, p. 3.
[3] *La France en Afrique*, p. 169.
[4] En février 1837, M. Bugeaud disait aux Arabes : « Vous ne labourerez pas, vous ne semerez pas, vous ne pâturerez pas, sans notre permission. » Plus tard, il donne la définition suivante de la razzia : « Irruption soudaine ayant pour objet de surprendre les tribus pour tuer les hommes,

Un honorable général qui a commandé en Afrique constate par ces paroles les résultats de ce système. « Nous avons soumis le pays par un arsenal de « haches et d'allumettes chimiques. On coupait les « arbres, on brûlait les moissons, et on se rendait « bientôt maître d'une population réduite à la fa- « mine et au désespoir [1]. »

Le général Duvivier avait dit aussi : « Depuis onze ans on a renversé les constructions, incendié les récoltes, détruit les arbres, massacré les hommes, les femmes, les enfants, avec une furie toujours croissante [2]. »

Cette lutte déplorable est aussi funeste pour nous que pour les Arabes. Un officier distingué qui l'a suivie pendant dix ans, a résumé ces misères communes dans ces tristes paroles : « *La destruction d'un Arabe nous coûte la mort de 33 hommes et 150,000 francs* [3]. »

Les Arabes sont-ils soumis ?

Funeste pour nous.

enlever les femmes, les enfants, le bétail. » En 1844, il complète cette théorie en disant aux Kabyles : « J'entrerai dans vos montagnes, je brûlerai vos villages et vos moissons, je couperai vos arbres fruitiers. » (Proclamation du 30 mars.) En 1846, en rendant compte de ses opérations contre Abd-el-Kader, il dit aux autorités d'Alger : « La puissance d'Abd-el-Kader se compose des ressources des tribus : donc, pour ruiner sa puissance, il faut ruiner les Arabes; aussi avons-nous beaucoup incendié, beaucoup détruit.» (*Akhbar* de février.) —Les Russes emploient aujourd'hui les mêmes moyens dans le Caucase; n'ayant pu réduire les populations, ils s'attaquent à la nature et incendient les forêts.

[1] Discours du général de Castellane à la Chambre des Pairs du 4 juillet 1845.

[2] *Solution de la question de l'Algérie*, p. 285.

[3] *Épigraphe de l'Algérie prise au sérieux*, par M. Leblanc de Prébois.

2

CHAPITRE IV.

FINANCES.

Dépenses d'Afrique. — Recettes. — État de la France. — Communes.
— Départements. — L'État. — Déficit. — Besoins du pays.

Dépenses
d'Afrique.
L'Afrique est la ruine de nos finances, la cause incessante de nos déficit annuels. L'Afrique a déjà englouti plus d'un milliard. Ces dépenses s'élèveront pour l'année 1846 à... 125,762,993

En voici le détail :

1° Budget originaire voté en 1845............ 73,090,427
2° Crédits demandés en 1846................. 25,272,566
3° Le solde de chaque exercice se vote à la session qui suit cet exercice. Le solde de 1845 demandé en 1840 était, déduction d'une annulation de 939,593 fr., de 7,169,849 fr. — Le solde de 1846 sera voté en 1847, et ne sera pas moindre de..... 6,000,000
4° Dépenses de l'Algérie au compte de l'administration centrale des ministères de la guerre et des finances............................... 400,000
5° Dépenses accessoires du ministère de la guerre, telles que dépôts des régiments en France, consommation du matériel, etc. La commission du budget de 1836 évaluait ces dépenses, pour un effectif de 81,000 hommes, à 3 millions [1]. Aujourd'hui, cet effectif est plus que triplé, et la destruction du matériel plus rapide. La dépense sera triple 9,000,000
6° *Dépenses de la marine.* La commission du budget de 1839 évaluait les dépenses de la marine

A reporter.. 113,762,993

[1] *Rapport de la commission, p. 77.*

Report.. 113,762,993

faites en 1837, pour un effectif de 42,000 hommes, à 4,451,000 fr. [1]. La commission était loin de compter rigoureusement; il n'y avait alors que 14 bateaux à vapeur employés; nous n'avions pas la complication du Maroc. Aujourd'hui nous avons 100,000 hommes en Afrique. Nous sommes obligés de courir la côte, de Tunis au Maroc, nous transportons à Alexandrie les pèlerins qui vont à la Mecque. Outre les vaisseaux à voiles, trente bateaux à vapeur sont employés au service de l'Afrique. M. le ministre de la marine disait dernièrement combien ce service était fatigant et compromettant pour ces bateaux [2]. L'Afrique est la cause principale de l'augmentation des dépenses qui, en 1830, étaient de 65 millions, et sont portées au budget de 1847 pour 110 millions. — En comptant la perte des vaisseaux, la dépense occasionnée par l'Afrique s'élève à plus de.................... 12,000,000

7° *Pensions de retraite.* L'Algérie occupe près du tiers de l'armée. Le temps qu'y passent les officiers leur est compté comme campagnes pour le règlement des pensions de retraite. Cela aura pour effet de porter au maximum le plus grand nombre des pensions militaires....................... *Mémoire.*

TOTAL........... 125,762,993

Le budget de 1846 évalue les recettes qui seront faites pendant cet exercice à 11,700,000 fr. dans lesquelles les contributions
arabes figurent pour........... 4,120,000 fr.
Le surplus provient, en grande partie, de droits de consommation qui sont payés par l'armée et tous ceux qui vivent des millions que nous jetons dans le gouffre africain.

Recettes d'Afrique

[1] Rapport du 12 mai 1838.
[2] Discours du 13 avril 1846.

2.

Cette recette ne peut venir en déduction de la dépense. Il est évident que si nous avions dépensé en France, et les millions que le budget prodigue à l'Afrique, et les millions qui y sont dépensés improductivement par les particuliers, nos impôts de consommation, qui s'élèvent en France à plus de 600 millions, auraient facilement produit 12 millions de plus.

L'Afrique aura donc coûté en 1846 CENT VINGT-CINQ MILLIONS.

Il ne faut pas croire que les dépenses s'arrêtent là, ni que l'Afrique soit satisfaite. Aujourd'hui la *France algérienne* déclare qu'on a peu fait pour la colonisation, et qu'il faudra en augmenter le budget de 30 à 40 millions [1]. — Quelques députés reprochent à la Chambre sa parcimonie [2]. — D'autres disent que le meilleur moyen d'effacer chez les Arabes l'amertume de la défaite, est d'exécuter sur leur territoire des ouvrages d'utilité générale, tels que barrages, fontaines, marabouts, mosquées, caravansérails [3]. — Enfin, *l'Algérie* propose de fournir aux Arabes une subvention de 3 à 400 francs par famille, pour les aider à construire leurs maisons [4].

État financier de la France.

La France est riche, — diront ces esprits superbes qui planent incessamment sur l'Afrique; — la France peut chaque année sacrifier 125 millions à l'Afrique.

[1] N° du 28 avril. — [2] *Moniteur*, 1845, p. 1779. — [3] Même *Moniteur*, p. 1419. — [4] N° du 7 avril 1846.

Si ces esprits superbes pouvaient laisser tom- Communes.
ber leurs regards sur la France, ils y verraient :

Les communes : Obligées de s'imposer chaque
année à environ 135 millions pour leurs dépenses
locales ; — ayant à dépenser encore plus de
200 millions pour leurs chemins vicinaux ; 150 millions pour leurs églises ; 40 millions pour leurs
maisons d'école.

Les départements : Tous grevés d'impôts ex- Départe-
traordinaires : leur situation s'aggrave chaque jour ments.
des dépenses nécessaires à l'achèvement et à l'en-
tretien des routes départementales. Ils auront à
pourvoir à la construction des prisons nouvelles.

L'État : Les budgets augmentent chaque an- L'État.
née. Le budget de 1830 a été réglé à 1,095 millions.
Celui de 1847, présenté pour 1,455
millions, s'élèvera, avec les crédits
extraordinaires, à plus de...... 1,500 millions.

La dette publique augmente aussi ; elle était
en 1830 de.................. 235 millions.
Elle est aujourd'hui de......... 288 millions.

Les réserves de l'amortissement sont engagées
jusqu'en 1857 [1].

C'est en vain que chaque année les impôts de Déficit.
consommation rendent davantage ; c'est en vain
que le fisc est plus rigide, les déficit n'en sont
pas moins croissants, — on annonce celui de 1846
pour........................... 57,261,000 [1].

Pour combler ces déficit, on fait des emprunts,

[1] Rapport de M. Bignon, du 15 avril 1846.

on vend des forêts et les déficit menacent de devenir plus considérables.

En marchant ainsi de déficit en déficit, peut-on prévoir ce qu'amènerait une commotion politique ou une crise commerciale?

BESOINS DU PAYS : Ces besoins sont immenses : — quelques-uns, tels que la défense de nos côtes, sont impérieux, il faut y satisfaire à tout prix et immédiatement. — D'autres, concernant les améliorations intérieures, la marine et les travaux du génie dans une certaine mesure, sont pressants aussi.

En 1844, nous avons évalué à près de deux milliards les dépenses qu'entraîneraient ces travaux, sans y comprendre les chemins de fer [1]. — Depuis lors, certains travaux ont été faits; mais des besoins nouveaux sont survenus : la marine vient d'exiger un crédit extraordinaire de 93 millions; d'autres besoins exigeront d'autres sacrifices : encore à présent, le sol de la France réclame DEUX MILLIARDS.

IMPÔTS : Tous les impôts sont excessifs. La propriété est accablée de centimes additionnels. La consommation est grevée de droits énormes. Il faudrait diminuer les impôts pour abaisser le prix de nos produits, et faciliter la consommation intérieure et le développement du commerce extérieur. Avec les dépenses croissantes de l'Afrique, est-ce possible?

[1] *L'Algérie en 1844*, p. 148.

CHAPITRE V.

COLONISATION.

Abandonnée à elle-même. — Devait échouer. — Colonisation subventionnée. — Échoue aussi. — Systèmes divers.

§ I. *Système actuel.*— L'État a tout fait.—Système factice.—Trappistes.
— Système condamné.

§ II. *Système du maréchal Bugeaud.* — Colonies militaires. — Condamnées. — Soutenues. — Système de M. Bugeaud. — Illégal. —
Dépense. — Discussion. — Abandonné.

§ III. *Système du général de Lamoricière.* —Ses colons subventionnés.
— Système combattu par le maréchal Bugeaud. — Effrayant. — Impraticable.

§ IV. *Système de M. le secrétaire de la commission d'Afrique,*
M. Lingay. — Ses idées. — Politique entravée. — Travail du soldat. —
Combattu. — Illégal. — Garantie d'intérêt. — Système impraticable. —
Capitaux des particuliers.

§ V. *Système de la commission de la Chambre des Députés en 1846.*
— M. Dufaure, rapporteur. — But à atteindre. — Exigences de l'honneur national écartées. — École de guerre récusée. — Moyens proposés. — Concessions. — Difficultés. — Main-d'œuvre. — Capitaux. —
Établissement de familles. — Plantations. — Bâtiments. — Défriche-
ments. — Bétail. — Fourrages. — Légumes. — Céréales. — Valeur de
la terre. — Régime économique. — Toute colonisation impossible.

Dans le principe, on publiait la pensée que la
colonisation se ferait par les seules forces des
particuliers et sans l'intervention du Gouvernement. Ainsi :

M. Thiers disait que le Gouvernement ne devait que la sécurité et la justice. — Que la colonisation ne pouvait regarder le Gouvernement.
— Qu'il était ridicule d'appeler des agriculteurs

*Abandonnée
à
elle-même.*

de tous les points du globe. — M. Thiers *répétait* que la colonisation entre les mains du Gouvernement était *ridicule* [1].

M. Guizot proclamait que l'action de l'administration devait se borner à garantir l'occupation sûre et tranquille du territoire. — Que la colonisation, les hommes et les capitaux devaient venir d'eux-mêmes, et que l'administration ne devait pas aller au-devant [2].

Pour quiconque avait réfléchi, les espérances d'une colonisation spontanée étaient une chimère. Les déceptions et les désastres qui suivirent ses premiers essais ouvrent aujourd'hui les yeux des moins clairvoyants. Les essais de cette colonisation libre ont été bientôt suivis d'essais d'une colonisation subventionnée par l'État, et appuyée par les travaux illégalement imposés à nos soldats. Ces essais n'ont pas été plus heureux.

En dépit de tous les mensonges dont les intéressés ont bercé l'opinion publique, aujourd'hui *il n'y a pas trace de colonisation en Afrique;* il y a des spéculateurs en maisons, des brocanteurs en toutes choses, des débitants, mais non des cultivateurs.

En voici les preuves, fournies par ceux qui se disent les partisans de l'Algérie :

A la porte d'Alger, « dans les villages du Sahel, les colons désertent, chassés par la faim.

Marginalia: Devait échouer.

Marginalia: Colonisation subventionnée.

Marginalia: Échoue aussi.

---

[1] Discours du 21 avril 1837.
[2] Discours du 20 mai 1835.

S'il en reste quelques-uns, c'est qu'ils n'ont plus la force de se traîner. Dans un grand nombre de maisons il n'y a plus d'habitants, ils sont ou morts, ou à l'hôpital, ou en fuite. Dans une maison, sept personnes n'avaient pas mangé depuis trois jours et attendaient la mort. — Dans la plaine de la Mitidja, la misère et la désolation sont plus grandes encore. Depuis cinq mois, au Fondouck, sur une population de 280 habitants, il en est mort 120 [1]. »

Dans la province de Constantine : « de nombreux colons arrivent tous les jours à Guelma, traînant après eux des familles considérables dans le dénûment le plus affreux. Pas de terres à leur donner, pas d'argent à leur distribuer [2]. »

Suivant M. le secrétaire de la commission d'Afrique : « On se préoccupe de savoir si l'Algérie est effectivement un boulet que la France est condamnée à traîner éternellement, et si la colonisation est une chimère ou une réalité [3]. »

M. le rapporteur de la commission des crédits d'Afrique constate les mauvais résultats du *système factice* suivi, et espère mieux d'un système nouveau [4].

M. le rapporteur de la commission du budget de 1847 reconnaît que « les résultats de la colo-

[1] *L'Algérie*, 22 décembre 1845.
[2] *Ibidem*, 7 avril 1846.
[3] *La France en Afrique*, p. 283.
[4] *Rapport* du 20 avril 1846, p. 37.

nisation sont presque négatifs ; » il n'a pu obtenir le chiffre de la population agricole [1].

La *France algérienne*, qui est à Alger, a pu en dire plus que la direction des affaires d'Afrique, qui est à Paris : la population des cultivateurs européens serait de 7,000 individus, composée, pour les deux tiers, de maraîchers [2]; en sorte que la population véritablement agricole serait de 2,000. Nous avons vu plus haut l'état dans lequel ils se trouvent.

Il n'y a donc pas de colonisation.

Systèmes divers.

Les colonistes ne perdent pas courage : leurs propres forces sont impuissantes pour la colonisation, ils l'opéreront avec les bras des soldats et les impôts des contribuables; les systèmes ne leur manquent pas, mais la multiplicité de ces systèmes est une preuve d'impuissance. Nous allons les examiner.

§ I. — SYSTÈME ACTUEL.

C'est à grand tort que l'on a reproché au Gouvernement de n'avoir pas encouragé la colonisation.

L'État tout fait.

Le rapport de M. Dufaure résume les encouragements qui lui ont été prodigués. Il montre « l'administration ajoutant à la terre la maison, des travaux de défrichement faits par l'armée ou par les condamnés militaires, des bestiaux, des semences, des instruments aratoires, des sub-

[1] *Rapport de M. Bignon du 15 avril 1846, p. 240.*
[2] *La France algérienne du 23 avril 1848.*

ventions en argent (page 36). » Nous avons établi ailleurs que ces encouragements réunis s'élevaient par famille à environ 5,800 fr. [1].

Des inspecteurs de colonisation sont préposés à l'installation des colons et à la direction de leur culture. — Ces inspecteurs reçoivent les colons à leur débarquement; ils président à la distribution qui leur est faite de semences, plantes, instruments, animaux, matériaux à bâtir, etc. Ils tiennent la comptabilité des instruments et des animaux prêtés, en font la visite et en assurent la conservation et le mouvement; — toutes ces opérations sont contrôlées et constatées par des paperasses sans nombre, et ces paperasses sont envoyées au ministre [2]. Je ne comprends pas comment le maréchal Bugeaud, qui connaît si bien les choses agricoles, a pu consacrer par un arrêté de semblables billevesées.

Tels sont les encouragements donnés individuellement aux colons : on fait tout pour eux. On fait tout aussi pour leur communauté : c'est l'armée qui fait les routes, les chemins. Le maréchal Bugeaud n'a pas encore pu demander aux colons les deux journées de prestation qu'impose en France à tous les citoyens la loi sur les chemins vicinaux [3]. Suivant lui, ces colons de la côte *ressemblent à des enfants mal élevés qui crient,*

---

[1] *L'Algérie en 1844*, p. 105.
[2] Arrêté du maréchal Bugeaud, du 28 avril 1846.
[3] Mémoire du 15 janvier 1844.

*pleurent et se fâchent pour la moindre contra-
riété*[1].

Lors de la dernière apparition d'Ab-el-Kader
dans le Djerjera, nos troupes partout répandues
et exténuées ne pouvaient faire le service d'Alger; le maréchal Bugeaud fait appel à la milice
coloniale, qui, craignant d'être mobilisée, se récrie; la presse algérophile se récrie aussi. Le maréchal est obligé de faire la leçon à ses *enfants
mal élevés.* « Ah! vous croyez, Messieurs, leur dit-
il, que je rapporterai mon ordonnance; pas du
tout; au contraire, je la renforcerai. Vous ima-
gineriez-vous par hasard être venus ici pour vous
y enrichir aux dépens du pays et de l'armée,
pour y rester tranquilles à vous croiser les bras,
tandis que l'on se bat pour vous? Non, Messieurs,
non; et ne vous en déplaise, vous prendrez le
fusil, et vous voudrez bien supporter votre part
des fatigues que d'autres endurent pour vous. Il
n'est pas juste que quelques-uns aient tout le
mal, tandis que les autres plantent tranquille-
ment leurs choux. Jusqu'à présent vous vous êtes
reposés, mais j'y mettrai bien ordre [2]. »

On voit que les colons sont aussi rebelles au
service de la milice qu'ils le sont à la prestation
pour les chemins vicinaux : c'est toujours le soldat
qui fait la corvée du colon.

Après le soldat, c'est le budget qui travaille

[1] Discours du 24 janvier 1845.
[2] *La Presse* du 7 mars 1846.

pour lui. C'est le budget qui fait les barrages et les fontaines, qui bâtit les presbytères, les hôpitaux civils, les maisons d'école, enfin tout ce qui en France est à la charge des communes. Les choses en sont arrivées à ce point que la commission du budget de 1846, en refusant certaines de ces dépenses, s'exprime ainsi : « La métropole fait assez pour cette possession, elle ne peut pas prendre l'engagement de tout entreprendre, de tout exécuter en Algérie. » Le gouvernement va jusqu'à demander des fonds pour une distribution des eaux de Koleah. « En vérité, dit la commission, qu'on nous permette de nous étonner de cette proposition : nous ne la comprendrions que si vous aviez décidé que *la France doit reconstruire l'Algérie* [1]. »

Telle en effet avait été, dès 1835, la première idée d'un honorable intendant civil de l'Algérie, M. Genty de Bussy, et voici comme il la présentait : « Les aqueducs, la généralité des maisons des Maures, tout est à recréer dans un autre système ; et en vérité, puisque nous en étions là, il aurait peut-être mieux valu prendre un grand parti sur-le-champ, et reconstruire successivement toutes les parties de leurs villes [2]. »

Mais ce n'est pas assez encore, les maisons bâties, il faut que les rues soient pavées ; *le Courrier de Philippeville* se plaint de ce que « les rues sont boueuses en temps de pluie. La saison fa-

[1] Rapport de M. Bignon du 20 mai 1845.
[2] *De l'Établissement des Français*, t. I, p. 432.

tale de l'hiver rabaisse le bourgeois à la condition
du prolétaire, en le forçant à porter des sabots,
s'il ne veut pas avoir les pieds humides. » Si le
journaliste était allé en France, il aurait vu que
nos 38,000 villages, bon nombre de nos villes et
la place du Louvre sont encore dans l'état qui
l'afflige à Philippeville. — Il aurait vu que le prolétaire en France n'a pas toujours les sabots qui
inspirent tant d'effroi au bourgeois de Philippeville.

Système factice. Aujourd'hui, le rapport de M. Dufaure établit que
le système suivi n'a rien créé; que les villages de
l'administration ont complétement échoué; que,
pratiqué sur une grande échelle, il ne réussirait
pas mieux et imposerait à l'État des sacrifices immenses (page 37). Nous n'avons rien à ajouter à
ce jugement : nous avons prévu et prédit la ruine
de ce système [1]. Les familles, les villages et les
peuples ne s'improvisent pas. Il a fallu le travail
de plusieurs siècles pour faire arriver les villages
au point où nous les voyons en France, et combien de travail est encore nécessaire pour les
amener à une prospérité complète!

L'ignorance des choses les plus vulgaires pouvait seule conseiller le système tenté en Afrique
par l'administration. L'expérience a fait justice
de l'ignorance.

Trappistes. Ce n'est pas seulement avec des familles que
l'on a tenté ces essais, c'est aussi avec des céliba-

[1]. *L'Algérie en 1844*, p. 99.

taires. — Ce n'est pas seulement avec la population que l'on peint de si tristes couleurs, c'est
encore avec des personnes morales, religieuses.
On a eu recours aux trappistes. Dans les plaines
de Staoueli, les trappistes ont obtenu une concession de 1,020 hectares, une subvention de
62,000 fr., des troupeaux de bœufs, de vaches et
de moutons, des arbres, des semences, et on les a
fait aider dans leurs constructions par les condamnés militaires [1].

Pendant le cours de 1844 : — Sur 38 trappistes,
8 sont morts; les autres ont été plus ou moins
malades. — Sur 150 condamnés militaires mis à
leur disposition, 37 sont morts; les autres ont été
atteints de maladies graves [2].

Où en est aujourd'hui Staoueli?

Staoueli aurait réussi, qu'aurait-il prouvé?

— Que quelques célibataires auraient pu vivre,
en recevant tout de tous. Mais il n'aurait pas
prouvé que des familles peuvent s'établir et
se maintenir en Afrique à des conditions ordi-
naires.

Puisque ces *systèmes factices*, au dire de la
commission, ne pouvaient réussir, examinons les
autres systèmes proposés. Ils se fondent souvent
les uns dans les autres; nous aurons soin d'attribuer à chacun l'idée capitale qui le distingue.

*Système
condamné.*

---

[1] *Rapport de M. Dufaure*, p. 26.
[2] *L'Algérie*, du 26 janvier 1845.

§ II. — SYSTÈME DU MARÉCHAL BUGEAUD.

Colonies militaires. On pourra trouver superflu de discuter le système de colonisation militaire du maréchal Bugeaud, **Condamnées.** système condamné par le Gouvernement, les Chambres, la presse et l'opinion publique. **Soutenues.** Mais ce système a encore été soutenu aujourd'hui par quelques membres de la commission de la Chambre [1], et M. le secrétaire de la commission d'Afrique prétend que le Gouvernement se propose de demander aux Chambres une subvention pour un essai de colonisation militaire [2].

Son auteur, surtout, n'y a pas renoncé : chaque jour il le soutient encore par ses écrits et dans ses journaux [3]. Cette persistance a déterminé le maréchal Soult à quitter le ministère de la guerre : c'est pour soutenir son système que M. Bugeaud appelle à l'armée d'Afrique des décisions du Gouvernement et des Chambres, qu'il propose aux soldats un projet d'organisation de colonies militaires, invitant à s'inscrire ceux qui voudront en faire partie [4]. 3,995 ont répondu à l'appel [5]. On s'étonne que tous ne l'aient pas fait : l'essai proposé par le maréchal Bugeaud était une occasion de changement séduisante pour des

[1] *Rapport de M. Dufaure* du 20 avril, p. 38.
[2] *La France en Afrique.*
[3] *Quelques réflexions*, p. 47.— *La France algérienne* du 28 avril.
[4] Circulaire du 9 août 1845.
[5] *Moniteur algérien* du 15 septembre.

gens soumis à la discipline militaire. Cet in.oncevable appel à l'armée ne pouvait avoir lieu qu'en
Afrique, et ne pouvait être fait que par le maréchal Bugeaud. Du reste, il n'a pas eu de suite.

On voit donc qu'il est encore nécessaire de
discuter le système du maréchal Bugeaud.

Ses opinions sur l'Afrique sont connues. Pendant longtemps elle n'a pas eu d'adversaire plus
infatigable que lui. Il était plus prononcé que
moi : *il inclinait pour l'évacuation complète*[1]. Cependant, voyant la France *condamnée à conserver
l'Afrique*[2], s'étant condamné à la conquérir, il se
condamne à la coloniser. Il ne croit ni à la colonisation libre, ni à la colonisation civile, ni aux
merveilles que promettent les capitalistes; réduits
à ces moyens, nous aurions, suivant lui, à entretenir pendant deux siècles une armée de
100,000 hommes *d'abord*, s'accroissant en proportion des progrès que feraient les capitalistes[3].

Le maréchal Bugeaud n'a confiance que dans
la colonisation militaire. Il veut, avant de réduire
l'armée, établir en Afrique, dans l'espace de dix
ans, 120,000 familles de colons militaires pris dans
les classes appartenant au recrutement[4].

Système de M. Bugeaud.

Pour avoir en Afrique, dans dix ans, ces
120,000 chefs de famille établis, par conséquent

[1] *Mémoire du 15 janvier 1844.*
[2] *Mémoire sur notre Établissement à Oran*, p. 40.
[3] *Quelques réflexions sur trois questions fondamentales*, 1846,
p. 50; brochure fort remarquable.
[4] *Rapport du 15 janvier 1844.*

3

vivants, il faut dans cet espace de temps prendre dans les familles de France 120,000 jeunes gens, plus le nombre nécessaire pour remplacer les morts : l'effectif étant d'abord de 12,000 hommes et s'élevant en dix ans à 120,000, donnera un effectif moyen de 60,000, qui, perdant 6 pour cent comme l'armée d'Afrique, nécessitera le remplacement de 3,600 hommes. Le recrutement des colonies militaires serait de 15,600 jeunes gens par an.

La question à poser au pays est donc celle-ci : « Aux 20,000 enfants que l'Afrique enlève chaque « année dans nos familles pour le recrutement de « l'armée, faudra-t-il ajouter 15,600 autres en- « fants pour la colonisation militaire? Les pères « de famille consentiront-ils à envoyer chaque « année en Afrique 35,600 enfants sur lesquels « 9,600 au moins sont destinés à périr? »

Et ce n'est pas pendant dix ans, comme le dit M. Bugeaud, qu'il faudrait ainsi décimer la population française; car, au bout de dix ans, les enfants de ses colons n'auront que neuf ans, et ne pourront faire la guerre aux Arabes; c'est pendant vingt ans, trente ans... C'est l'indéfini que demande M. Bugeaud.

Illégal. Le Gouvernement et la Chambre des Députés ont reconnu que « la colonisation militaire était « inconciliable avec l'état actuel de notre législa- « tion militaire[1]. » Une loi, une loi seule peut en per-

---

[1] Rapport à la Chambre du 13 mai 1843.

mettre la pratique. Nous verrons si la révolution de juillet osera entreprendre contre le peuple ce que le czar exécute à grand'peine contre les serfs de ses domaines, pour les colonies militaires russes [1].

Dépense.

M. Bugeaud estime que la réalisation de la colonisation militaire coûtera 300 millions [2]. Le triste essai qu'il en a fait illégalement à Fouka a échoué après avoir coûté 6,600 francs pour chacun des colons militaires existants un an après sa fondation [3], et encore bien des dépenses n'étaient pas comprises dans ces 6,600 francs. L'essai fait à Méred n'a pas été plus heureux.

Discussion.

Ces essais, eussent-ils réussi, n'auraient rien prouvé. On ne peut rien conclure d'un établissement de célibataires relativement à l'établissement d'une famille. C'était pour la formation de la famille que devaient s'accumuler les impossibilités et les dépenses. La première difficulté était de trouver la femme qui devait commencer la famille. M. Bugeaud a si bien compris cette difficulté, qu'il envoie ses colons militaires chercher les leurs dans les maisons de repentir [4]. Les enfants nés ne sont pas élevés; la mortalité, qui, en France, est de moitié jusqu'à l'âge de vingt ans [5], sera bien plus considérable en Algérie, où, sui-

[1] *L'Algé-le en 1844*, p. 68 ; par M. Desjobert.
[2] *Discours du 24 janvier 1845.*
[3] *L'Algérie en 1844*, p. 79.
[4] *Mémoire sur notre établissement*, p. 41.
[5] *Loi de la mortalité en France*, par Duvillard.

3.

vant le témoignage du docteur Worms[1], du général Cavaignac[2], et des tables de l'état civil, les
enfants des Européens s'élèvent avec tant de difficultés.

Puis il faut faire la part du malheur, de l'in-
conduite, de la paresse, de l'incapacité... Puis,
puis... On se perd dans le dédale tracé par M. Bugeaud. Il faut n'avoir jamais vu comment se forme
une famille, pour concevoir une telle pensée.

L'essai de colonisation militaire ne pourrait
coûter moins de 10,000 francs par famille; ce
qui élèverait les 300 millions de M. Bugeaud à
1,200 millions, et cet essai échouerait.

On s'étonne qu'une commission sérieuse, telle
que celle instituée par le Gouvernement en 1842,
ait pu recommander un pareil essai; c'est cependant ce que nous révèle son secrétaire[3]. Nous
félicitons le maréchal Soult de n'avoir pas suivi
le conseil de sa commission.

Abandonné.   L'idée de colonisation militaire n'existe plus
que dans peu de têtes, et ne pourrait soutenir
la discussion publique.

[1] *Exposé des conditions d'hygiène*, p. 24.
[2] *De la Régence d'Alger*, p. 152.
[3] *La France en Afrique*, p. 198.

§ III. — SYSTÈME DU GÉNÉRAL DE LAMORICIÈRE.

M. de Lamoricière n'a pas quitté l'Afrique depuis l'occupation. Ceux qui n'ont plus d'espérance en M. Bugeaud la reportent vers M. de Lamoricière, et le désignent comme le gouverneur futur de l'Algérie. Voyons ses idées sur la colonisation.

M. de Lamoricière entend établir ses colons sur les terrains du domaine, et sur le terrain des tribus qui, suivant lui, ne sont qu'usufruitières, tribus qu'il s'agirait seulement de déplacer[1]. — Cette théorie ingénieuse sur la propriété arabe, d'après laquelle l'Arabe n'est qu'usufruitier, a souvent été invoquée. Elle serait assez profitable, si on pouvait la faire comprendre facilement à ces indigènes peu versés dans les questions de droit; mais il n'en est pas ainsi : M. Bugeaud signale aux théoriciens et aux légistes les difficultés de déposséder les indigènes, et d'exercer le droit de propriétaire du sol qu'ils voudraient attribuer ainsi à la France. C'est la guerre, et toujours la guerre[2].

Suivant M. de Lamoricière, la France a contracté une dette envers l'Afrique, et «la nécessité de libérer rapidement la mère patrie de la lourde charge que lui impose sa colonie, lui a fait concevoir l'idée

Ses colons.

Subventionnés.

[1] *Moniteur algérien* du 4 juin 1845.
[2] *Mémoire* du 15 janvier 1844.

d'amortir cette dette par un sacrifice annuel des-
tiné à subventionner la population européenne
qui viendrait s'établir en Afrique. » A cet effet,
il propose à la France de donner aux colons de
l'Algérie une subvention de 25 pour 100 de leurs
dépenses de constructions, irrigations, défriche-
ments et plantations. Ces subventions seraient
réglées par des commissaires du Gouvernement [1].

Combattu par le maréchal Bugeaud. M. le maréchal Bugeaud répond à M. de Lamoricière : — que son système ne peut séduire que
les personnes qui ne connaissent pas les difficultés agricoles; — que les subventions qu'il propose sont loin d'être suffisantes; — que lorsque
le colon aura reçu 25,000 fr. et en aura dépensé
100,000, son capital engagé ne sera pas plus pro-
ductif; — il invoque avec grande raison son autorité de vieil agronome, pour faire ressortir toutes
les difficultés qu'entraînent la création de villages,
le choix des familles, leur installation [2].

Effrayant. Pour parler net et sans les métaphores de dette
et d'amortissement, M. de Lamoricière propose
aux contribuables de France de verser leurs impôts entre les mains de ses colons, qui, pour la
moitié, sont des étrangers, et dont on nous fait
chaque jour un si triste portrait.

C'est-à-dire, que le malheureux de France qui
bouche sa fenêtre pour ne pas payer l'impôt de sa

[1] *Moniteur algérien* du 4 juin 1845.
[2] *Ibidem.*

fenêtre, payera l'impôt de sa porte pour construire l'habitation du colon.

C'est-à-dire, que le malheureux de France au-
quel on interdit la culture du tabac pour son
usage personnel, payera l'impôt du tabac pour
subventionner la culture du tabac qu'essayera le
colon d'Alger.

C'est-à-dire, que le malheureux de France qui
paye le si lourd impôt du sel continuera à payer
cet impôt pour subventionner le colon d'Alger; et
M. le ministre des finances viendra encore nous
dire : Que *l'on ne peut diminuer l'impôt du sel
tant que l'Afrique sera aussi pesante* [1].

C'est-à-dire, qu'il faudrait surcharger d'impôts
toute la propriété de France, pour constituer en
Afrique une propriété au profit de gens incapables
d'être propriétaires.

Et qui estimera les travaux à subventionner?
Les agents du Gouvernement? En trouveraient-ils
le loisir? Dernièrement, la moitié des fonctionnaires d'Afrique était occupée à accuser et à juger
l'autre moitié occupée à se défendre [2].

Le zèle qui a inspiré la proposition de M. de
Lamoricière est louable sans doute, mais la proposition est inacceptable. Les contribuables de
France sont sacrifiés, les moyens de contrôle peu
rassurants, la réussite impossible.

Impraticable.

[1] Discours du 21 avril 1846.
[2] « Des fonctionnaires sont rappelés en France, d'autres sont traduits
devant des commissions d'enquête ou devant les tribunaux. » *Rapport de
M. Dufaure*, p. 4.

A Bougie, M. de Lamoricière a reconnu les mé-
comptes des théories sur la colonisation. Il a été
l'un des plus chauds provocateurs de l'occupation
de Bougie, et, en 1833, a dirigé en partie cette funeste expédition. Alors on disait aux soldats que
« leur mission était plus agricole que guerrière,
qu'ils auraient plus souvent à manier la pioche
et la bêche que le fusil[1]. » Ces malheureux se
servent en effet de la pioche et de la pelle, mais
c'est pour fouiller cet immense cimetière qui,
chaque jour, engloutit leurs camarades. Dès 1836,
le général d'Erlon, ancien gouverneur d'Alger,
demandait l'évacuation de Bougie, qui, en trois
ans, avait dévoré 3,000 hommes et 7 millions[2].
Dix ans sont écoulés depuis, et la pelle et la pioche
n'ont servi qu'aux mêmes travaux funéraires :
Bougie n'est qu'un ossuaire français.

§ IV. — SYSTÈME DE M. LE SECRÉTAIRE DE LA COMMISSION D'AFRIQUE.

M. Lingay.   Les opinions de M. Lingay sur l'Algérie doivent être sérieuses, M. Lingay est secrétaire
de la présidence du conseil des ministres, maître des requêtes au conseil d'État, et secrétaire
de la commission instituée par le Gouverne-

[1] *Annales algériennes*, t. II, p. 93.
[2] *Opinion du comte d'Erlon sur ce qu'il convient de faire à Alger*, 1836, p. 8.

ment en 1842 pour l'examen des affaires d'A-
frique.

Les travaux de cette commission n'ont pas été
livrés au public; son secrétaire publie aujour-
d'hui un ouvrage intitulé *la France en Afrique*.
Depuis 1842, la commission élabore les matières
algériennes : nous sommes en 1846. Le temps
et les renseignements officiels et confidentiels ne
lui ont pas manqué.

M. le secrétaire a été éclairé par les travaux
de la commission, composée de membres distingués des deux Chambres, et de la haute administration. Appelé par son emploi à tout écouter, à
tout retenir, son ouvrage ne peut manquer d'être
le résumé ou le produit des savantes discussions
dont il a constaté le cours.

On ne s'occupera ici que de la partie de l'ouvrage relative à la colonisation. Toutefois, un mot
sur le point de départ. Le voici :

Suivant M. le secrétaire de la commission, les **Ses idées.**
grandes nations ont le devoir de porter la civilisation par les armes et par le commerce dans les
contrées éloignées. La Russie et l'Angleterrerem-
plissent ce devoir en Asie, les États-Unis en Amérique. L'Afrique était négligée, oubliée, méconnue;
la France, par la conquête de l'Algérie, a pris
l'engagement de civiliser l'Afrique (p. 3) [1]. C'est
une mission que, suivant lui, la Providence nous

[1] Indication des pages de *la France en Afrique*.

a confiée; mission confirmée par le glorieux tré-pas de cent mille Français (p. 5).

Il nous fait ensuite pénétrer dans les *empires mystérieux de l'Afrique centrale*: à l'Ouest, par le Sénégal et nos nouveaux comptoirs; à l'Est, par nos établissements du canal de Mozambique, et par la haute influence de l'iman de Mascate; au Sud, à la suite des missionnaires; et au Nord, par l'Algérie. « Partout, en tout sens, la France paraît, agit, se déploie en Afrique; c'est son penchant, son devoir, son intérêt, sa loi (p. 6). »

Enfin, M. le secrétaire nous attribue le monopole du commerce de l'Afrique centrale; mais « si nous voulons y pénétrer, il faut préluder à nos incursions par de grands travaux hydrographiques. Le commerce n'y suffirait pas; c'est une tâche qui n'est possible qu'à un gouvernement; il y a de quoi tenter le nôtre (p. 90). »

Quant à l'influence de l'Algérie sur la politique de la France, M. le secrétaire de la présidence du conseil des ministres proclame que notre entreprise d'Afrique est « le moyen le plus convaincant de prouver à l'Allemagne que nous avons définitivement renoncé à la rive gauche du Rhin (p. 234). »

Politique entravée. Des partisans de la paix à tout prix s'applaudiraient à tort de l'affection paralytique que l'Afrique inflige à la France. Ils oublient que s'ils donnent ainsi à l'Europe un gage de notre impuissance, ils n'ont ôté à l'Europe ni sa puissance ni son mauvais vouloir; et que la plus sûre garantie pour la France d'une paix assurée et honorable, est dans sa force et non dans sa faiblesse.

L'Afrique a déjà exercé sa fatale influence sur notre politique lors de nos affaires d'Espagne, du Luxembourg et de 1840 [1]. — L'honorable M. Jaubert le déplorait, en montrant « la satisfaction malicieuse avec laquelle les puissances rivales contemplent nos contorsions dans cette robe de Déjanire qui brûle nos flancs ». »

Les puissances, en consultant le livre de M. le secrétaire de la présidence du conseil des ministres, se convaincront que nous sommes pour longtemps condamnés à cet affaiblissement déplorable.

M. le secrétaire reconnaît que « l'Algérie coûte annuellement cent millions, charge intolérable si elle devait durer trop longtemps [3] (p. 164). »

Il avoue que « la privation de 100,000 hommes, l'élite de notre armée, affaiblit notre influence en temps de paix, et compromettrait peut-être notre salut en temps de guerre (p. 257). »

« Qu'il faut prévoir la possibilité de collisions européennes, et prévenir le risque de voir intercepter les arrivages maritimes, tandis que l'Algérie ne serait pas en mesure de nourrir ses habitants... Qu'il est indispensable de se préoccu-

---

[1] Voir l'Algérie en 1844, p. 155. — [2] Moniteur, 9 juin 1838.
[3] Il y a erreur: l'Algérie aura coûté, en 1846, 125 millions, et non 100 millions.

per de l'alimentation du pays, et, dans cette vue, de hâter la fertilisation du sol (p. 164). »

« Le temps presse d'aviser aux moyens de *dégrever le trésor et de dégager l'armée* (p. 257). »

Et d'abord, quels sont les moyens que propose M. le secrétaire pour dégager l'armée?

Travail du soldat. Il appelle le soldat à exécuter « les travaux des routes, de canalisation, de défrichement, de constructions de tout genre (page 149). » Il insiste de nouveau pour obtenir « le concours de l'armée pour les défrichements (page 176); » et enfin, « l'armée construira les centres de population, des hameaux, des villages, dont le peuplement sera confié aux soins de la direction de l'intérieur. C'est là un des services réels qu'elle peut rendre à la colonisation. Que l'armée prépare le sol (page 208). Oui, l'armée peut rendre d'immenses services à la colonisation, mais sans qu'il en coûte rien au trésor (page 207). »

Combattu. A ces théories, le général Duvivier a déjà répondu avec autant de sens que de cœur : « Tous ces travaux ne coûteront que très-peu en argent, car on ne donnera aux soldats que de minimes indemnités; quant au nombre d'hommes morts ou à jamais perdus de santé, que ces mêmes travaux coûteront, le soin d'en faire la somme et l'estimation sera laissé à leurs familles en France. Est-ce donc dans une telle spéculation que la France tolérerait la consommation de ses armées, sans souvenance des lois sous la protection desquelles elles ont été créées, sans remords pour tant de funérailles...? Le seul désir, le seul espoir du soldat est de retourner dans sa famille, dès que le temps fixé par la loi aura été accompli, — et l'on voudrait encore faire de lui le contribuable du trésor, *le serf des colons*, l'homme lige des ambitieux[1]. » Plus tard, en voyant les bras du soldat employés à préparer la terre du colon et à la herser[2], le général avait ajouté que le soldat ne devait pas être *le bœuf de charrue du colon*[3]. Voilà ce que le général Duvivier, qui a commandé onze ans en Afrique, répond aux littérateurs et aux touristes qui, après avoir été quinze jours en Afrique, viennent ici prôner les travaux de colonisation comme favorables à la santé du soldat.

Concevra-t-on l'insistance de M. le secrétaire de la commission d'Afrique pour faire condamner notre armée aux travaux de colonisation, et surtout à ceux de défrichement, quand lui-même reconnaît le travail du défrichement comme « dangereux pour nos troupes, par suite des miasmes pestilentiels que des terres longtemps incultes exhalent sous la pioche du travailleur (page 229)? »

Cette question du travail du soldat a été discutée et résolue. Le Gouvernement et la Chambre des Députés ont reconnu que le soldat devait seulement le service militaire et les travaux qui s'y

Illégal.

---

[1] *Quatorze observations*, p. 50. — [2] *Monit. algérien* du 10 avril 1844 et 30 octobre 1843. — [3] *Lettre à M. Desjobert*, 1845, p. 26.

rattachent, qu'il ne devait pas être employé aux
travaux de colonisation[1]. L'employer à ces travaux est commettre un abus de pouvoir. Jusqu'à
présent, M. le maréchal Bugeaud n'a tenu aucun
compte des ordres du Gouvernement. M. le maréchal Bugeaud est responsable des suites de cette
violation de la loi du recrutement. Le soldat qui
refuserait d'exécuter ces travaux ne pourrait y
être contraint; et la discipline de l'armée serait
compromise.

Imposer à nos soldats ce surcroît de travail,
n'est pas *dégager l'armée;* c'est au contraire, et
le maréchal Soult l'a reconnu, nécessiter une
augmentation d'effectif[2].

Garantie
d'intérêt.

M. le secrétaire est-il plus heureux dans les
moyens qu'il propose pour *dégrever le trésor?* Les
voici : « Garantir un minimum d'intérêt aux capitaux qui se portent en Afrique, pour toutes les
entreprises formées dans le but de développer
largement la colonisation (pages 176 et 177). »

Imprati-
cable.

L'auteur n'avait pas trouvé suffisamment impraticable la proposition de M. de Lamoricière
de donner une subvention au capital; ce qui au
moins réduisait la difficulté à constater la dépense
première. Il propose de donner une garantie d'intérêt aux capitaux employés. Ainsi, l'État tien-
drait la comptabilité de tous les colons d'Afrique,
non-seulement pendant le temps de leur instal-

[1] Rapport du général Bellonnet du 17 mai 1844.
[2] Lettre du 3 mars 1844, du maréchal à la commission des crédits d'A-
frique.

lation, afin de constater le capital employé, mais pendant tout le temps de l'exploitation, de manière à pouvoir fixer le chiffre des intérêts garantis à fournir par le trésor.

C'est livrer les finances de l'État aux folles entreprises des spéculateurs.

Quel sera le capital dont les intérêts seront ainsi garantis? M. le secrétaire de la commission pense que la colonisation coûtera cinq milliards (page 248).

Quel sera le minimum de la garantie d'intérêt? M. le secrétaire ne l'indique pas. M. Bugeaud dit que l'intérêt *le plus minime* que les capitaux aient trouvé en Algérie est de dix pour cent[1]. M. le secrétaire pense-t-il que les contribuables de France, qui retirent trois pour cent de leurs capitaux, consentiront à garantir aux colons un minimum d'intérêt de dix pour cent pour les milliards que leur ignorance et leur maladresse gaspilleraient en Afrique?

Il dit que ce n'est pas à l'État à faire les frais de colonisation (p. 254), et il s'adresse aux contribuables pour la garantie d'intérêt. Comme si, en matière d'impôt, les contribuables n'avaient pas le privilége de dire, « L'État c'est moi. »

M. le secrétaire n'est effrayé de la dépense qu'en ce qu'elle figurerait au budget, et il n'hésite pas à la demander aux particuliers. Il ne se rappelle

Capitaux des particuliers.

---

[1] *Moniteur algérien* du 4 juin 1845.

déjà plus la perturbation que les demandes de
capitaux pour les chemins de fer ont apportée dernièrement dans les transactions. Il semble ignorer
que ce qui manque en France ce sont les capitaux ; que ce qui fait la richesse de l'Angleterre
ce sont les énormes capitaux dont disposent son
agriculture, ses manufactures, son commerce ;
qu'il faut attribuer à cette différence entre les
deux situations financières la difficulté pour la
France de soutenir la concurrence anglaise : c'est
la première objection qui nous est faite lorsque
nous proposons quelques réformes économiques.

M. le secrétaire de la présidence du conseil
des ministres, maître des requêtes au conseil d'É-
tat, etc., semble ignorer toutes ces choses. Quand
je dis qu'il semble ignorer, je me trompe ; non-
seulement il les ignore, mais il proclame des
idées contraires. A l'entendre, les capitaux se
trouvent à l'étroit et manquent d'aliments (p. 285).
En vérité, si on suivait ses dangereux conseils,
le *titre* de son livre deviendrait un fait, on ver-
rait *la France en Afrique.*

Et dans quel espace de temps veut-il opérer le
miracle de la colonisation de l'Algérie (p. 248),
miracle du prix de cinq milliards? *Dix ans au plus
suffiront pour dégager la France et pour faire face
à l'Europe et aux événements* (p. 248). Ce serait
enlever chaque année à la France 500 millions
de capitaux dont l'intérêt serait garanti par les

contribuables; et si des capitaux étrangers se présentaient, ce seraient encore les contribuables de France qui leur en garantiraient l'intérêt. Car M. le secrétaire fait aussi appel aux capitaux étrangers (p. 285). C'est bien le cas de dire comme M. Guizot, *On croit rêver !*

Heureusement pour la France que si M. le secrétaire de la commission d'Afrique est imprudent dans ses conseils, si le Gouvernement est imprudent dans ses demandes, si les Chambres sont imprudentes dans leurs votes, les capitaux des particuliers sont très-prudents quand ils se gouvernent eux-mêmes, quand ils ne sont pas lancés au hasard par la raquette de gouvernants aventureux. — Nous en avons la preuve dans la réserve qu'ils mettent à se confier à l'Afrique qui, en fait de colons, n'a jusqu'à présent, que des spéculateurs en maisons, des brocanteurs en toutes choses; mais des cultivateurs, aucun.

Nous avons eu une preuve officielle de cette prudence dans la circonspection et la réserve que la banque de France a mises pour la création du comptoir qu'on a sollicité d'elle pour Alger. Les excitations du Gouvernement et de la Chambre n'ont pu obtenir d'elle qu'une commandite de deux millions dans une société anonyme établie à Alger, et dont elle s'est réservé la direction. Seulement, comme rien de ce qui concerne l'Afrique n'est sincère, le titre de la loi est *Comptoir de la banque de France.* La création de la loi est une *banque locale* [1].

Loin donc de dégrever le trésor, les propositions de M. le secrétaire de la commission ne pourraient que le grever davantage.

Telles sont, relativement à la colonisation, les idées de M. le secrétaire de la commission d'Afrique, après quatre années de travaux et de méditations.

§ V. — SYSTÈME DU GOUVERNEMENT ET DE LA COMMISSION DE LA CHAMBRE DES DÉPUTÉS EN 1846.

M. Dufaure, rapporteur.

La gravité des derniers événements accomplis en Afrique avait inquiété les esprits; la Chambre, qui en fut vivement émue, a confié à une nouvelle commission l'examen des affaires de l'Algérie. M. Dufaure, dont les sympathies pour l'Afrique sont vives, en devint le rapporteur.

Système d'occupation.

M. Dufaure avait déjà été chargé d'un semblable travail en 1838. A cette époque, il s'opposait à l'occupation générale de l'Algérie, qui, disait-il, nous condamnerait à une guerre dont nul ne pouvait prévoir le terme. Il invoquait à l'appui de son opinion, celle de MM. Thiers et Guizot : il approuvait le traité de la Tafna et était partisan de l'occupation restreinte [2].

---

[1] Voir la discussion de la Chambre des Députés, *Moniteur*, 1845, p. 2007.

[2] Rapport du 29 mai 1838, p. 16, 17, 18, 19.

Nous disions alors que l'occupation restreinte était impossible; que nous serions nécessairement entraînés à l'occupation générale; que la mise en présence d'un colon et d'un Arabe engageait une lutte qui ne pouvait finir que par l'extermination des Arabes ou l'expulsion des Français; et nous proposions l'occupation radicalement maritime de deux points de la côte, tels que Mers-el-Kébir et Bougie; avant tout, nous réclamions la prohibition de la colonisation européenne, à l'exemple des Anglais dans l'Inde [1].

Le système d'occupation restreinte a prévalu et nous a conduits où nous sommes.

Aujourd'hui, M. Dufaure détermine le but que nous avons à atteindre : «Qu'il soit, dit-il, bien entendu pour tout le monde, que nous n'y restons pas pour satisfaire les exigences persévérantes de l'honneur national; que nous n'y sommes pas pour nous exercer aux terribles jeux de la guerre; mais que notre but, notre œuvre, notre mission est d'y fonder, avec des éléments très-divers, une société, une famille compacte, unie, digne un jour d'entrer par une alliance indissoluble dans la grande famille européenne (page 53).»

Exigences de l'honneur national écartées.

École de guerre récusée.

But à atteindre.

Ce but est bien vague, bien éloigné. — Les moyens de l'atteindre bien incertains. — Les sacrifices à faire, réels, actuels, douloureux. — Sacrifices en hommes, sacrifices en finances. — Notre

[1] *L'Algérie en 1838.*

4.

puissance politique est paralysée. — Le régime colonial, qui était inévitable, s'est établi par la loi de 1845, nous amènera toutes les difficultés qui lui sont inhérentes, et entravera les réformes économiques qui sont indispensables.

Puis, — si le but marqué par M. Dufaure pouvait être atteint — lorsque le peuple projeté par lui serait créé, — il arriverait ce qui est arrivé à toute colonie. Ce peuple voudrait se gouverner lui-même, et nous aurions à lutter contre lui pour le maintenir sous notre empire, après avoir lutté contre les choses pour le créer.

La *mission* dont parle M. Dufaure peut être *providentielle*, comme on dit aujourd'hui; mais considérée au point de vue humain, elle est bien contraire aux vrais intérêts de la France.

Nous remercions sincèrement M. Dufaure d'avoir mis hors cause — les prétendues exigences de l'honneur national, — et d'avoir fait justice de cette idée qui nous présentait l'Afrique comme école de guerre, idée aussi fausse que sauvage.

Moyens proposés.   Quels sont les moyens de colonisation que propose la commission? Elle condamne de nouveau la colonisation militaire (p. 38); elle ne parle pas des moyens indiqués par M. de Lamoricière et M. le secrétaire de la commission d'Afrique. Elle compte,- dit-elle, « sur l'intérêt individuel suffisamment éclairé et convenablement garanti. Si de hautes raisons politiques ne nous commandaient pas de nous hâter, nous nous en rapporterions au

mouvement qui porte déjà les populations européennes vers les rivages de l'Algérie... Mais nous
ne pouvons attendre, et c'est pour racheter des
années que nous offrons les terres du domaine
(p. 39). » Elle espère « que l'Algérie peut détour-
ner et attirer une partie des émigrants allemands
qui vont chercher fortune en Amérique, pourvu
que le Gouvernement s'impose l'heureuse obli-
gation d'en faire une terre d'ordre, de liberté
religieuse et politique, d'égalité (p. 41). »

La commission appelle en Algérie les bras et Concessions.
les capitaux. Les ouvriers seront reçus dans des
dépôts en Afrique; et des concessions de terres
seront faites à des capitalistes, sous des conditions
variables, de l'espèce de celle faite à M. Ferdinand
Barrot [1].

Il y a eu beaucoup de demandes faites, et peu,
que je sache, l'ont été par des cultivateurs de
profession. Celles connues, émanent d'hommes
d'intelligence sans doute, mais par trop étrangers
à la direction des choses matérielles. Un avocat,
un conseiller d'État, un professeur, un juge,
un ministre[2], reconnaîtront à l'œuvre leur impuissance pour une création agricole. Leur donna-t-on
en pleine Brie ou en pleine Beauce une ferme

[1] Lettre de M. Barrot au *National* du 2 juillet, et *Moniteur* du 15 novembre 1845.

[2] M. Mendizabal paraît avoir réservé pour l'Algérie les moyens merveil-
leux de prospérité que, ministre des finances, il avait annoncés à l'Espagne.
— Il ira rejoindre M. le prince de Mir et M. le comte de San Juan del
Valle.

bâtie, montée de bestiaux et mobilier aratoire, je craindrais fort qu'en dix ans ils n'aient mangé les bestiaux, le mobilier, la terre même.

Ce qu'ils veulent entreprendre est bien plus difficile qu'une simple culture. Une création agricole! et en Algérie encore! Je prévois pour eux le sort du prince de Mir et des concessionnaires qui, il y a dix ans, devaient régénérer l'Afrique.

Difficultés de l'entreprise. J'ai quelque peu bâti et cultivé en France pendant douze ans, et je dirai quelques mots sur l'entreprise des concessionnaires. Ce n'est pas leur affaire que je traite, mais l'affaire de l'État, c'est-à-dire la nôtre : c'est l'État qui fait la concession; c'est l'État qui protége avec 100,000 hommes et 125 millions; c'est l'État qui subira tous les risques de l'entreprise, car tôt ou tard viendront les indemnités : toutes les colonies ont fini par là.

Je suppose d'abord que ces concessionnaires veulent diriger eux-mêmes leur entreprise. Être en Europe pendant qu'un régisseur conduirait leur culture en Afrique, serait chose que ne pourrait comprendre un agriculteur. — Il faut de la jeunesse, de la santé, une grande activité de corps, et ne craindre ni pluie, ni brouillard, ni rosée, ni soleil.

Je suppose encore que ces concessionnaires ne veulent pas de culture nomade, pour laquelle ils ne pourraient jamais rivaliser avec les Arabes, et qu'ils veulent de la culture européenne; alors il faut des bras nombreux et force capitaux.

Main-d'œuvre. Les bons ouvriers ne quittent guère leur pays. Ceux qui vont chercher fortune au loin sont le plus souvent ceux qui n'ont pas pu réussir chez eux. Le plus souvent aussi, lorsqu'ils n'ont pas réussi, c'est par leur faute ou leur incapacité; par leur faute, s'ils sont sans conduite, paresseux; par incapacité, quand ils sont infirmes ou maladroits. — Ils emporteront avec eux en Afrique leurs défauts et leur pauvre nature, et l'Afrique ne les corrigera pas. Les concessionnaires auront donc, pour les aider, les moins bons ouvriers d'Europe. Par cela seul, leur travail serait cher, à quelque bas prix que fût la journée. Or en Afrique un terrassier coûte 3 fr., un ouvrier d'art, un maçon, un menuisier, 6 ou 7 fr. par jour [1], c'est-à-dire le double du prix de France. On peut juger à quel prix reviendraient les travaux.

Il faut des capitaux pour les constructions, le défrichement, les clôtures, les plantations, le bétail, les gages des domestiques, et surtout pour attendre et vivre jusqu'au temps des produits.

M. Barrot, pour les mille hectares qui lui sont concédés, a calculé sur 350 francs par hectare [2], évaluation faite par quelques agronomes des dépenses qu'entraîne une semblable création en Europe. Cette estimation est faible; d'autres agro-

Main-d'œuvre.

Capitaux.

[1] *Discours du maréchal Bugeaud* du 24 janvier 1845.
[2] Lettre au *National* du 2 juillet 1845.

nomes l'ont portée jusqu'à 600 francs, et le plus souvent on arrive à cette dépense.

Mais M. Barrot doit supporter bien d'autres frais que ceux de construction de bâtiments ruraux et d'exploitation de culture.

Aux termes de sa concession, *il doit établir trente familles sur ses terres*[1]. Le *Moniteur* qui la mentionne évalue les dépenses d'établissement d'une famille à 4 ou 5,000 francs; à ce taux, l'établissement seul des trente familles absorberait la moitié du capital de M. Barrot. Nous avons vu que le Gouvernement avait dépensé 5,800 francs par famille (page 27), et nous avons vu l'état dans lequel se trouvent ceux de ces malheureux qui n'ont pas succombé (page 24). M. Barrot fera mieux que le Gouvernement; il choisira mieux les familles, les surveillera mieux, et mettra plus d'économie dans les dépenses; mais il n'aura pas eu comme lui les ressources du matériel de la guerre pour les transports, le produit des razzias pour le bétail, et les bras du soldat pour les travaux.

La création agricole que l'on entreprend en Europe avec 350 et même 600 francs par hectare, a pour but la culture de plantes annuelles ou l'éducation des bestiaux : l'on obtient des produits réguliers après quatre ou cinq ans. La culture qui a le plus de chances en Afrique est celle des

[1] *Moniteur* du 15 novembre 1845.

arbres et principalement de l'olivier. Or, tout le monde sait combien il faut attendre les produits des plantations, et ceux qui ont planté savent combien il en coûte.

Les bâtiments sont tous à faire; leur construction sera plus chère qu'en France. Nous venons de voir que la main-d'œuvre sera plus coûteuse; les matériaux seront plus coûteux aussi, surtout à cause des transports. **Bâtiments.**

C'étaient ces difficultés de construction qui avaient engagé M. Barbet à faire faire à Rouen même les maisons qui devaient loger les colons qu'il devait transporter de Suisse en Algérie, pour faire valoir les terres qu'il y avait achetées[1]. M. Barbet avait parfaitement raison; mais il a encore mieux fait en laissant ses maisons en Normandie, leurs habitants en Suisse, et en revendant à bénéfice ses terres demeurées incultes.

Ces opérations exigent une main-d'œuvre considérable, et nous avons vu qu'elle était chère. Le défrichement d'un hectare coûte 700 francs[2]. **Défriche-ments, cultures, plantations.**

D'après les conditions imposées par sa concession, et celles que voudrait ajouter le rapport de M. Dufaure (page 42), il faut au concessionnaire beaucoup de bétail, par conséquent beaucoup de capitaux pour l'acheter et pour l'élever. **Bétail.**

Quant à l'achat : en Algérie le bétail est petit : on veut l'améliorer; — il est rare par suite de la

[1] *Procès-verbaux de la commission d'Afrique*, p. 93.
[2] *Moniteur algérien* du 30 octobre 1843.

consommation et des razzias européennes. Deux journaux spéciaux avaient à ce sujet une discussion instructive : *L'Afrique* demande ce que ses bestiaux étaient devenus; *l'Algérie* lui répond : « Ce qu'ils sont devenus! c'est triste à dire, hélas! mais les pauvres bêtes sont mortes. Elles ont servi d'aliments à toute une génération d'hommes intelligents, braves, morts aussi, et dont il serait beaucoup plus humain de s'enquérir... Cela tient d'abord à la consommation constante pendant quinze ans de 150,000 Européens qui, pendant tout ce temps, n'ont pas produit pour la consommation d'une semaine. Mais la cause par excellence a été la guerre, qui ne laissait aucun repos ni aux hommes ni aux troupeaux[1]. »

Le remède qu'indique alors *l'Afrique* est de faire venir du bétail d'Europe et de lui donner le passage gratuit[2]. Même avec le passage gratuit ce bétail sera cher, il en périra beaucoup en mer.

NOURRITURE DES ANIMAUX. Elle se composera de fourrages et de légumes. L'un et l'autre sont chers en Algérie.

Fourrages. . L'administration militaire ne voulait accorder aux colons que 7 fr. 50 c. des 100 kilogrammes de foin. La société agricole présente au gouverneur un mémoire qui établit le prix de revient à 8 fr. 40 c., et demande que le fourrage soit payé 9 fr. à 9 fr. 50 c. les 100 kilog.[3].

[1] *Algérie* du 16 février 1845.
[2] *L'Afrique* du 12 février 1845.
[3] *Courrier d'Afrique* du 3 mai 1845.

Le prix porté aux comptes de la guerre pour l'année 1844 est de 10 fr. 77 c. [1].

La valeur moyenne de nos fourrages, en France, est de 5 fr. environ, c'est-à-dire, moitié du prix du foin en Algérie; et à ce prix cependant la viande produite en France est bien chère. A quel prix les concessionnaires produiront-ils la viande en Afrique?

Comme palliatif, *la Presse algérienne* conseille la culture de la betterave, racine qui « a l'avantage, dit-elle avec raison, de porter la boisson avec la nourriture, chose précieuse dans un pays où l'eau de source est rare. La betterave seule paraît réunir toutes ces conditions. Sans elle l'élève des bestiaux est impossible, et l'élève des bestiaux est le salut de l'Afrique [2]. »

Légumes

Si la betterave réussit dans de bonnes terres bien cultivées et bien fumées, dans un pays où les pluies viennent de temps à autre donner de l'activité à leur végétation, elle végète misérable sous un climat brûlant, et sera inévitablement étranglée par la terre desséchée d'Afrique, qui étrangle déjà le collet des céréales [3].

Je vois d'ici le malheureux concessionnaire en face d'un bétail mal soigné, rationné avec du

[1] *Comptes de 1844*, p. 158. — M. Barrot, dans sa discussion avec le *National*, a fait erreur en portant le prix du foin de Philippeville à 4 fr. 50 c. le quintal métrique; c'est le double, 9 fr. Il a confondu le quintal métrique avec le quintal simple.

[2] *L'Afrique* du 12 février 1845.

[3] *Procès-verbal de la commission d'Afrique* de 1833, p. 80.

foin à 9 francs les 100 kilog., et quelques betteraves coriaces revenant aussi à un prix exorbi-
tant. Je le plains! — J'ai nourri pendant douze ans
quarante à cinquante vaches avec du fourrage à
5 francs et des betteraves à 1 fr. 80 c. les 100 kilog.
J'avais pour les diriger et les soigner des gens
comme l'Afrique n'en verra jamais. Mes comptes,
rigoureusement tenus en partie double, sont à la
disposition des concessionnaires : ils y verront que
le compte des bestiaux n'a pas toujours présenté
des bénéfices; et si le bétail est mal, ou trop chèrement administré, il ne produit rien et ne paye
pas ses gouvernants.

Céréales.   Nous répétons depuis douze ans aux colons,
qu'ils ne feront pas de blé; qu'en fissent-ils, il ne
pourrait soutenir ni la concurrence arabe ni la
concurrence européenne. Le blé consommé par les
Européens vient de l'étranger, principalement de
la mer Noire. Aujourd'hui les colonistes avouent
leur impuissance; ils disent : « Comment veut-on
que la colonie qui vient de naître, où les capitaux
et les bras sont rares, où la main-d'œuvre est
deux fois plus coûteuse qu'en France; comment
veut-on que la colonie soit capable de soutenir
la concurrence des blés étrangers? » Et ils récla-
ment un impôt niveleur [1]. Ils reconnaissent qu'ils
ne peuvent supporter la concurrence du blé produit par les Arabes [2], et demanderaient probable-

[1] *Nécessité d'un impôt sur les grains étrangers*, par M. Sabalault,
colon-propriétaire, 1845, p. 8.
[2] *Ibidem*, p. 6.

ment la suppression de la culture arabe, s'ils avaient à la redouter. Mais « les Arabes n'apportent sur nos marchés que des quantités insignifiantes; et, refoulés par nos armes et notre émigration, les indigènes ne sauraient nous opposer longtemps une concurrence sérieuse [1] »

On voit donc que les colonistes ne peuvent produire en Algérie les premiers éléments de la consommation européenne, et ne peuvent ainsi sauver notre armée des conséquences d'une guerre maritime.

Quant aux produits coloniaux, on paraît y avoir renoncé; nous n'avons voulu nous occuper ici que de la production des vivres destinés à alimenter l'armée pour le cas où une guerre maritime interromprait les arrivages.

M. Dufaure se fait illusion, en présentant comme un grand avantage pour les colons la concession gratuite de la terre. Lorsque les colons auront mis sur cette terre gratuite les capitaux nécessaires pour sa mise en valeur, et que l'État aura fait les dépenses dont il se charge, cette terre aura coûté au moins ce que valent les terres en France, et l'intérêt des capitaux employés sera au moins aussi lourd que le fermage dont on a voulu alléger le cultivateur d'Afrique. C'est ce que nous avons surabondamment prouvé ailleurs [2].

Valeur de la terre.

[1] *Nécessité d'un impôt sur les grains étrangers*, p. 6.
[2] *La Question d'Alger*, 1837, p. 143. — *L'Algérie en* 1844, p. 54.

Nous terminerons par une observation sur le régime des douanes établi en Algérie. Cette partie si importante de la question d'Afrique n'a pas été traitée par M. Dufaure. Il se borne à indiquer qu'il ne faudrait pas épuiser les ressources des colons par nos lois de douanes [1]. Sans doute. Mais les producteurs de France, qui fournissent les 125 millions d'Afrique, pensent aussi qu'ils ont bien le droit de fournir par privilége leurs produits à cette Afrique qui leur coûte si cher.

Ce sont là les idées qui devaient venir à chacun avec le temps. C'est là le régime colonial lui-même, basé sur de vieilles erreurs économiques; mais cependant il faut le prendre avec ses nécessités, ou le rejeter. C'est là le côté économique, le côté de la question le plus important de tous, car son étude prouve invinciblement, qu'en supposant aplanies toutes les difficultés politiques, militaires et financières de l'entreprise, la colonisation de l'Algérie n'en serait pas moins mauvaise pour la France. C'est cette opinion incontestable pour les économistes que j'ai développée dans mes publications antérieures [2]. La loi de douanes de 1845 sera la source de difficultés inextricables.

Le régime des concessions ne sera pas plus favorable à la colonisation que les autres systèmes qui ont échoué.

Toute colonisation utile est impossible.

---

[1] Page 45 du Rapport.
[2] *La Question d'Alger. — L'Algérie en 1838. — L'Algérie en 1841.*

CHAPITRE VI.

DU GOUVERNEMENT DES INDIGÈNES.

Gouvernement par les indigènes. — Par les Français.

Les indigènes seront-ils gouvernés par l'ordre ou par l'anarchie? Ferons-nous germer dans leurs cœurs des sentiments de haine ainsi que nous le conseillent certains algérophiles?

Cultiverons-nous *avec art, avec soin,* ainsi que nous le conseille M. le secrétaire de la commission d'Afrique, *les différences, les antipathies des tribus entre elles* [1]? Remettrons-nous en honneur le vieux principe du *divide?* Si nous reprenons ainsi les errements de la politique turque, ne ferons-nous pas dire à tout ami de la civilisation que le gouvernement d'Abd-el-Kader, qui avait centralisé les tribus [2], était plus civilisateur que le nôtre qui voudrait s'appliquer à les individualiser.

Soulèverons-nous le peuple arabe contre l'aristocratie arabe, ainsi que nous le conseille le grand organisateur de l'Afrique [3]? Ferons-nous vis-à-vis de la société arabe ce que nous reprochons au gouvernement autrichien de faire vis-à-vis de la société gallicienne? Veut-on que lorsque nous élevons la voix en faveur de la Pologne catho-

---

[1] *La France en Afrique,* p. 220.
[2] *La Question d'Alger,* p. 306.
[3] *L'Algérie du 2 avril 1846.*

lique, l'étranger puisse nous opposer la Pologne musulmane qui se débat en Algérie?

La France ne suivra pas des conseils aussi dangereux. Elle voudra gouverner par des moyens plus réguliers. La difficulté est grande : les chefs qu'auront les indigènes seront indigènes ou Français.

Gouvernement par les indigènes. —La constitution aristocratique de la plus grande partie de l'Algérie nous permet difficilement d'élever au pouvoir celui qui n'est pas né pour l'exercer. Si nous le faisons, nous sommes obligés de prêter à ces hommes sans valeur l'appui de notre force, ils nous compromettent, et tombent ainsi qu'ont fait les beys nombreux dont nous avons écrit la ridicule et lamentable histoire [1]. — Si nous appelons à nous la classe aristocratique, elle ne nous approche qu'avec crainte, sachant qu'en entrant à notre service elle perdra de son influence et du respect qu'on lui porte. Ceux qui ont accepté notre investiture ont laissé penser aux Arabes que c'était pour mieux servir la cause sainte, et au premier soulèvement ils se retrouvaient avec les leurs.

Dans tous les cas, le burnous du chrétien et de l'étranger est pour eux une cause de réprobation auprès des populations musulmanes, et une cause de difficultés pour leur administration.

---

[1] *L'Algérie en 1838.*

Les anciennes tribus du Mackzen turc, les Douairs, les Zmélas, les Aribs, étaient, quoique arabes et musulmanes, réprouvées par les autres tribus pour s'être mises au service des Turcs. Telle était l'origine de la haine qui existait entre la famille d'Abd-el-Kader qui était toujours restée fidèle à la cause arabe, et Mustapha-ben-Ismaël qui, comme chef de la tribu des Douairs de la province d'Oran, s'était mis au service des Turcs. Mustapha, compromis auprès des Arabes, passa du service des Turcs à notre service. Nous prenons cela pour du dévouement, et nous en faisons un général. Nos *auxiliaires* assument de la part des Arabes plus de haine que les auxiliaires des Turcs, car à la raison politique, qui est la même, nous ajoutons la raison religieuse, qui excite contre les chrétiens toutes les antipathies des musulmans.

Enfin, disent avec raison ceux qui combattent le système de gouvernement par les indigènes, « nous aurons créé, enrichi, armé des chefs, pour les dresser à la rébellion; en cas de guerre européenne, ils joindront leurs efforts à ceux de nos ennemis [1]. » C'est ainsi, en effet, que cela se pratique dans ce pays depuis 1800 ans. Tacfarinas était un Numide, déserteur des *auxiliaires* des Romains [2]. Dans la dernière insurrection arabe, Ben-Kobsili, El-Kharoubi [3], Ben-Salem, *auxiliaires*

---

[1] Discours de M. de Corcelles, *Moniteur*, 1845, p. 1485.

[2] Is natione numida in castris romanis *auxiliaria* stipendia meritus, mox desertor. (Tacite, *Annales*, liv. 2, § LII.)

[3] El-Kharoubi est l'un des Arabes qui avaient été si bien fêtés, il y a quel-

du jour, malgré les beaux traitements et les dé-
corations qu'ils avaient reçus, se tournent contre nous. Ni le nom ni la chose ne sont changés.

Le gouvernement par les indigènes est donc
difficile et dangereux à employer.

Gouvernement par les Français. — Si les raisons
invoquées contre le gouvernement par les indigènes sont considérables, les raisons contre le gouvernement par les Français sont plus puissantes
encore. La presse, qui reçoit les inspirations du
maréchal Bugeaud, juge ce mode « impossible et
impolitique. Impossible, parce qu'on n'aura pas
peut-être dans cent ans un nombre suffisant de
Français parlant la langue arabe, connaissant les
mœurs et les usages du pays, et consentant à
vivre comme il le faut, au milieu des tribus éloignées de nos centres d'action; impossible, parce
qu'il faudrait donner à chaque officier une force
pour se faire obéir, et qu'alors on devrait augmenter indéfiniment l'armée et les corps indigènes. Ce serait impolitique, parce que si votre
système de gouvernement ne satisfait pas l'am-
bition des indigènes distingués, soit par la nais-
sance, soit par la capacité, vous les aurez pour
ennemis d'autant plus dangereux [1]. »

Le gouvernement direct est aussi impossible
que le gouvernement par les indigènes.

ques mois, à Paris. Un journal, en rendant compte de leur présentation à
la cour, les avait fait s'écrier à l'aspect du comte de Paris : *Nous mour-
rons tous pour lui.*

[1] *La France algérienne du 15 juin 1845.*

CHAPITRE VII.

GOUVERNEMENT DE L'ALGÉRIE.

Les hommes et les systèmes. — Départements algériens. — Raisons favorables. — Combattus. — Ministère spécial. — Discussion. — N'aura pas plus de succès.

Ne voulant pas reconnaître le vice radical de l'entreprise d'Afrique, l'on impute ses mauvais résultats, tantôt aux hommes, tantôt aux systèmes.

Les hommes et les systèmes.

Aujourd'hui, l'on impute tout le mal au gouverneur général, et on l'attaque sans mesure, comme l'an passé on le louait sans mesure aussi.

Aujourd'hui, c'est le système militaire qui fait obstacle au progrès : après avoir poussé à la guerre, on ne veut plus de la guerre ; il faut des institutions civiles, un gouvernement civil.

Nous ne parlerons que des deux systèmes auxquels on a donné un certain développement : celui des départements algériens, et celui du ministère spécial. Nous ne dirons rien de l'établissement d'une vice-royauté, ce système étant incompatible avec notre régime constitutionnel.

DÉPARTEMENTS ALGÉRIENS.

M. Leblanc de Prébois, officier distingué qui s'est beaucoup occupé des affaires d'Afrique, veut

Départements algériens.

qu'une loi réunisse l'Algérie au territoire français.
Il y établit trois divisions militaires et trois départements, appelés la Seybouse, la Mitidja et la
Tafna. Il applique à l'Algérie les lois, l'administration et la langue françaises. Les trois nouveaux
départements ressortiraient pour toutes les parties
de leur administration aux neuf ministères : ils auraient, comme les départements de France, leurs
maires, sous-préfets, préfets, conseils d'arrondis-
sement, de département, de préfecture, juges de
tous degrés, hommes de finance de toute sorte,
ingénieurs de tout grade et enfin leurs députés [1].

Raisons favorables.   Par ce moyen, M. de Prébois emploie une civilisation et une administration toutes faites. Il
fait profiter l'Algérie de tous les progrès si la-
borieusement et si chèrement acquis. Il évite ainsi
les nouvelles expériences sociales auxquelles veulent nous exposer les Lycurgue et les Solon de
l'Algérie, ou les socialistes de Mesnilmontant. Il
donne en exemple les États-Unis et le Canada,
où la civilisation européenne s'est transportée
d'une pièce.

Combattues.   M. de Prébois a fondé son système sur le peu
d'importance numérique de la population indigène,
qu'il évalue à 780,000 pour le Tell, et 200,000
pour le Sahara. Il ne tient aucun compte de cette
population, de ses mœurs, de ses intérêts, de ses
passions, de sa religion ; il ne voit que l'Européen :

---

[1] *Les départements algériens. —L'Algérie prise au sérieux. — Le
gouvernement civil. — Par M. Leblanc de Prébois.*

et cependant, cette population indigène ne mérite-t-elle aucune attention? Quant au nombre, s'il a été exagéré outre mesure par M. Bugeaud, qui l'a élevé jusqu'à 8 millions, n'est-il pas un peu réduit par M. de Prébois, qui l'évalue à 980,000? L'opinion la plus générale est qu'il est d'environ 2 millions.

En dehors du nombre, n'y a-t-il pas la nature de ces indigènes, qui, dans leurs montagnes, n'ont jamais été soumis ni aux Romains, ni aux Arabes, ni aux Turcs, et qui, dans leurs plaines, vivent encore de la vie d'Abraham?

Enfin, n'y a-t-il pas ce fait de la lutte que soutient cette population indigène? Ne sommes-nous pas contraints à entretenir en Algérie une armée de 100,000 hommes? On ne peut donc négliger la population indigène, et gouverner un pays agité par de telles convulsions, comme on gouverne la France, où tout le monde est en paix.

Quant à la population venue d'Europe, la question n'est pas plus facile : la majeure partie de cette population est étrangère, composée du rebut de la population anglaise et espagnole, de Malte et des Baléares; celle venue de France ne vaut guère mieux, et, sauf quelques honorables exceptions, cette population hétérogène, si pittoresquement dépeinte par M. Bugeaud, paraît peu propre à un gouvernement régulier. Son petit nombre, relativement à l'immense étendue de territoire sur laquelle se sont établis les échoppes et les cabarets, nécessiterait un luxe d'administrateurs qui ferait un singulier contraste avec la misère et le petit nombre des administrés.

Nous ne pouvons admettre les idées de M. Leblanc de Prébois, quoiqu'elles aient le mérite d'être simples et exemptes d'innovation.

En Algérie, quels éléments des conseils électifs?

Quels impôts, sauf ceux sur les cabarets?

Quels seraient, sauf ceux de l'armée, les bras à la disposition des ingénieurs?

Quels seraient, sauf quelques besoigneux délégués, les députés que trouverait l'Algérie? députés apportant au pouvoir une dépendance servile en échange de tout ce qu'ils obtiendraient pour leurs besoigneux commettants.

Le rapport de M. Dufaure n'accepte ni les départements algériens, ni la proposition de la division des affaires de l'Algérie entre tous nos ministères : « l'Afrique, longtemps encore, doit être soumise à des règles exceptionnelles et temporaires, appropriées à la situation du moment, diverses comme les populations qu'elles doivent régir (page 48). »

MINISTÈRE SPÉCIAL.

Le mérite de l'invention du ministère spécial revient à M. le secrétaire de la présidence du conseil des ministres, auteur de l'ouvrage intitulé *La France en Afrique.*

On avait supposé que l'inspiration de M. le Ministre des affaires étrangères était pour quelque chose dans cette pensée. Des malveillants, sans doute, disaient qu'à la veille des élections, c'était une véritable aubaine que d'offrir aux espérances de nombreux postulants les nombreuses places du nouveau ministère. L'auteur avait indiqué d'avance que ce ministère aurait trois directions, et que « le temps des directeurs étant absorbé par leurs fonctions parlementaires *peut-être*, il serait nécessaire de leur attacher des sous-directeurs[1]. » Ce n'est pas peut-être, c'est certain. Il ne faudra pas seulement trois directeurs, il en faudra neuf, autant qu'il y a de ministères. Le ministère spécial de l'Algérie aura à traiter les mêmes affaires que nos neuf ministres traitent en France, et bien plus encore : en France on a pu réunir les cultes à la justice : en Algérie, les religions demanderaient un ministère spécial.

M. le secrétaire de la présidence du conseil avait probablement prévu cette malicieuse interprétation de sa pensée, car il avait pris la précaution de revendiquer pour lui seul *les idées et même l'idée de son écrit[2]*. Soit. A lui donc le mérite de l'invention, mérite aujourd'hui constaté par l'assentiment de la commission de la Chambre.

[1] *La France en Afrique*, p. 291.
[2] Avertissement de *la France en Afrique*, p. vij.

Discussion.   Pourquoi retirer au ministère de la guerre la direction des affaires de l'Algérie? Que lui reproche-t-on? Ses habitudes ravageuses? De ne pouvoir être en paix avec lui-même, en donnant le singulier spectacle d'un ministre qui commande et d'un général qui n'obéit pas?

Le premier reproche peut-il être adressé par ceux qui veulent coloniser, c'est-à-dire remplacer la population indigène par leurs colons. Pensent-ils que les indigènes abandonneront sans lutte le sol qui les fait vivre? Cette lutte peut-elle être autre chose que ce qu'elle est? Qui doit-on condamner dans cette affaire? Est-ce celui qui indique le but ou celui qui est chargé de l'atteindre? En vérité, si le maréchal Bugeaud est blâmable; ce n'est pas de faire la guerre ainsi qu'il la fait, mais c'est de donner son concours à une entreprise qu'il reconnaît funeste pour la France.

Quant au second reproche, le ministre spécial, dans l'ordre des idées des partisans du système, ne sera pas un militaire; et cependant, quoiqu'on fasse, l'affaire d'Afrique sera toujours une affaire de lutte et de guerre. Il serait puéril de penser que les hommes et les choses d'Afrique changeront leur nature, parce que l'administration de Paris aura changé de nom et de forme. — Le maréchal Soult, et par lui-même et comme ministre de la guerre, avait une grande autorité mi-

litaire, et il a été obligé de se retirer devant la
position et la volonté du maréchal Bugeaud : à
sa place, un conseiller d'État ou un avocat ministres de l'Algérie auraient-ils mieux résisté?
Étaient-ce ses épaulettes qui le rendaient faible?
Était-ce son grade? M. Bugeaud aurait-il mieux
obéi à un ministre en habit noir?

Enfin, on reproche au ministre de la guerre
son impuissance pour organiser, coloniser, etc.

Suivant M. le secrétaire de la commission d'A-
frique, « la création d'un ministère spécial aura
pour effet de fonder pour l'Algérie la confiance
et le crédit public (p. 284). » Comment, par quels
moyens nouveaux s'opérera cette révolution fi-
nancière? Je comprends que pour engager les
capitaux dans une affaire improductive, on invoque la raison d'État, et l'on charge le gouvernement d'y employer les capitaux des particuliers. C'est ce qui a lieu toutes les fois qu'on appelle
l'intervention gouvernementale dans les affaires
de production. Ainsi, je comprends la demande
que fait *la France algérienne* d'augmenter de 30
ou 40 millions le fonds de colonisation porté au
budget. — Mais une phrase, un changement de
nom ou d'habit n'ont pas cette puissance; c'est
heureux, car la fortune publique, chaque jour,
serait bouleversée par les rêves de la nuit.

Il est à regretter que M. le rapporteur de la
commission des crédits n'ait pas donné plus de

développement à l'appui de l'opinion de la ma-
jorité pour la création d'un ministère spécial;
sa plus forte raison est que l'œuvre que nous
avons à accomplir est toute particulière, et ne
rentre dans les attributions d'aucun des ministères actuels (p. 5o). Cette œuvre est nécessairement l'œuvre de la colonisation, œuvre de
production, œuvre industrielle. — Or, tout gouvernement, sauf un gouvernement saint-simonien
ou communiste, doit se regarder comme incapa-
ble de conduire une pareille œuvre. M. Thiers
dit avec grande raison qu'il serait *ridicule* de lui
attribuer de pareilles fonctions.

Cette création a rencontré deux adversaires
dans la commission.

L'un pense que les intérêts militaires tiennent
encore trop de place en Algérie pour que le gouvernement de ce pays doive sortir du ministère
de la guerre; il voudrait seulement agrandir la
part de l'action civile.

N'aura pas
plus
de succès.

« L'autre envisage avec découragement l'œuvre
gigantesque que nous avons entreprise en Afrique, et se demande si un ministère nouveau lui
donnerait plus de chance de succès; il ne peut
le croire (p. 5i). »

Nous partageons complétement ce dernier avis.
Mais le moyen du ministère spécial n'a pas encore été mis en œuvre; on veut en essayer. Dans
trois ou quatre ans, on reconnaîtra que les choses

ont toujours le même cours, on tentera de nouveaux essais comme fait le pauvre malade jusqu'au moment ou, résigné, il se reconnait incurable.

CHAPITRE VIII.

CONCLUSION.

Il y a douze ans, les algérophiles étaient pleins
d'espérance; aujourd'hui, ils s'écrient : «L'Algérie sera-t-elle toujours pour la France *une plaie
et un péril* [1]?» et ils nous demandent, à nous, qui,
pendant douze ans, avons combattu pour sauver
la France du péril et la garantir de la plaie d'A-
frique : Que proposez-vous?

Nous répétons ce que nous disions il y a douze
ans : — Dire la vérité au pays, — ne pas l'abuser
en lui présentant des espérances trompeuses. Le
pays a toujours été trompé au sujet de l'Afrique.
M. Thiers en faisait un jour le triste aveu à la
tribune, et avait entrepris de dire la vérité au
pays [2]; alors il n'était plus ministre : un retour
au pouvoir lui fit bientôt oublier sa patriotique
résolution.

Nous répétons : Consulter les intérêts de tous,
non les intérêts égoïstes de ce petit nombre d'hommes qui exploitent l'Afrique au profit de leur ambi-
tion militaire, ou de leur avidité de spéculateurs.

Le maréchal Bugeaud, lorsqu'il voulait l'abandon, disait : «La France officielle n'en veut pas,
c'est-à-dire les écrivains, l'aristocratie de l'écri-
toire n'en veut pas. Les pères de famille qui voient

[1] *La France en Afrique,* p. 258.
[2] Discours des 21 et 22 avril 1837.

périr leurs enfants en Afrique pourraient penser autrement; mais ils ne parlent pas, ils n'écrivent pas, ils travaillent, et ne sont pas consultés [1].»

Le recrutement de l'armée d'Afrique enlève aujourd'hui, chaque année, aux familles, 20,000 de leurs enfants les plus forts, les plus robustes, sur lesquels 6,000 au moins périssent.

Il est sans doute fort commode pour MM. les algérophiles de voter des hommes. Cet impôt du sang se change, pour eux, en impôt d'argent. Lorsque leur fils est désigné par le sort, ils donnent, pour le remplacer, une faible partie de leur revenu ou de leur traitement. Combien de malheureux donnent, pour racheter leurs enfants, non pas une partie de leur revenu, mais toute leur fortune, fruit d'une laborieuse économie! Combien de plus malheureux encore, ne possédant rien et ne pouvant se racheter, sont enlevés à leurs parents, dont ils étaient l'unique appui pendant leur vieillesse !

Pour rétablir l'égalité, MM. les algérophiles, qui ont les idées si larges lorsqu'il s'agit d'envoyer en Afrique les enfants des autres, accepteraient-ils la loi prussienne, qui, faisant passer tout le monde sous les drapeaux, enverrait leurs enfants aussi courir l'Atlas et défricher la terre du colon? Nous en doutons.

MM. les algérophiles accepteraient-ils une loi

[1] Discours du 15 janvier 1840.

qui, ainsi que la loi anglaise, mettrait la charge
du recrutement au compte des contribuables?
Nous en doutons également.

MM. les algérophiles refuseraient à la France,
pays d'égalité, ce qui est établi en Prusse, pays
de monarchie absolue; ils refuseraient un système qui, comme en Angleterre, pays aristocratique, ferait peser sur tous également l'impôt du
recrutement; ils préfèrent rejeter cette charge
sur le malheureux, et faire à ses dépens leurs expériences aventureuses.

Certes, le peuple français est admirable de ré-
signation et d'abnégation; cependant, la réflexion
pourrait lui venir, en pensant à ceux des siens
qui ne sont pas revenus de l'Afrique, ou à ceux qui
en sont revenus débiles et exténués. Que le gouvernement y réfléchisse.

Si l'on réduit en argent les deux charges d'impôt et de recrutement, on trouve que l'Afrique
coûte en dépense au budget.... 125 millions;
et en charge de recrutement, à
raison de 2,000 fr., prix ordinaire
d'un remplaçant, pour chacun des
20,000 hommes enlevés par an... 40 millions,

Total des charges :   165 millions.

Si MM. les algérophiles ne veulent pas réduire
en argent la charge du recrutement, ils sont obligés d'accepter le calcul suivant :

La population française est de 34,230,000 âmes;
l'Algérie nécessite :

Une armée permanente en Afrique, de 100,000 hommes, qui font 3 hommes par 1,000 âmes;

Et une dépense annuelle de 125 millions, qui font 3,650 fr. par 1,000 âmes.

En sorte que chacune de nos communes de 500 âmes fournit à l'Afrique un homme et demi en permanence pour la guerre et le défrichement, et lui paye par an un impôt de 1,850 fr.

Si ce contingent de chaque commune n'est pas en Afrique, il est en France, où il remplace d'autres jeunes gens envoyés en Afrique : dans tous les cas, l'Afrique a été la cause de l'aggravation, pour cette commune, de la charge du recrutement. — Si une commune paye moins que son contingent en argent, une autre commune paye pour elle : il faut toujours que l'Afrique ait ses 100,000 hommes, et dévore ses 125 millions.

Voilà ce qu'il faudrait dire au pays.

Il faudrait ajouter que l'affaiblissement politique que nous cause l'Afrique n'est pas momentané, mais indéfini.

Il faudrait ajouter qu'un commencement de réussite de colonisation ouvrirait, pour nous, un champ immense de difficultés qui entraveraient des réformes économiques indispensables.

Il faudrait surtout faire comprendre au pays ces paroles si sensées du rapport de M. Dufaure : «Qu'il soit bien entendu pour tout le monde, que nous n'y restons pas pour satisfaire les exigences persévérantes de l'honneur national. » M. Mauguin avait déjà dit : « S'il n'y avait que vanité à conserver Alger, je serais le premier à en proposer l'abandon [1]. »

C'est donc une question d'intérêt qui est en discussion. Que le pays soit éclairé, et alors il verra ce qu'il aura à faire.

Mais, si on persiste dans la voie actuelle, voici la solution inévitable de la question : « Durant « la paix en Europe, nous perdrons, par an, en « Afrique, 6,000 hommes et 125 millions; et, au « jour d'une guerre maritime, nous perdrons l'A- « frique, et nous pourrons perdre 100,000 hom- « mes. [2] »

[1] Discours de 1834. *Moniteur*, p. 1109.

[2] La presse d'Alger répétait hier encore, que, dans l'état actuel des choses, *quelque grand conflit européen serait pour notre établissement d'Afrique une question de vie ou de mort. (La France algérienne*, du 28 avril 1846.)

FIN.

TABLE DES MATIÈRES.

— ··· —

CHAPITRE PREMIER.

ÉTAT DE LA QUESTION, 1.

CHAPITRE II.

DE L'ARMÉE D'AFRIQUE.

Effectif croissant, 8. — Déceptions, 9. — Recrutement nécessaire, *ib.* — Mortalité, 10.

CHAPITRE III.

DE LA SOUMISSION DES ARABES.

Ce qui est en présence en Algérie, 12. — la chute d'Abd-el-Kader ne changera rien, 13. — L'ancienne Numidie, *.b.* — Le Caucase, 14. — Haine des Arabes, 15. — Extermination des Arabes, 16. — Funeste pour nous, 17. — Ils ne sont pas soumis, *ib.*

CHAPITRE IV.

FINANCES.

Dépenses d'Afrique, 18. — Recettes d'Afrique, 19. — État financier de la France, 20. — Communes, 21. — Départements, *ib.* — L'État, *ib.* — Déficits, *ib.* — Besoins du pays, 22.

CHAPITRE V.

COLONISATION.

Abandonnée à elle-même, 23. — Devait échouer, 24. — Colonisation subventionnée, *ib.* — Échoue aussi, *ib.* — Systèmes divers, 26.

I. — SYSTÈME ACTUEL.

L'État a tout fait, 26. — Système factice, 30. — Trappistes, *ib.* — Système condamné, 31.

§ II. — SYSTÈME DU MARÉCHAL BUGEAUD.

Colonies militaires, 32. — Condamnées, *ib.* — Soutenues, *ib.* — Système de M. Bugeaud, 33 — Illégal, 34. — Dépense, 35. — Discussion, *ib.* — Abandonné, 36.

§ III. — SYSTÈME DU GÉNÉRAL DE LAMORICIÈRE.

Ses colons, 37. — Subventionnés, *ib.* — Combattu par le maréchal Bugeaud, 38. — Effrayant, *ib.* — Impraticable, 39.

§ IV. — SYSTÈME DE M. LE SECRÉTAIRE DE LA COMMISSION D'AFRIQUE.

M. Lingay, 40. — Ses idées, 41. — Politique entravée, 42. — Travail du soldat, 44. — Combattu, *ib.* — Illégal, 45. — Garantie d'intérêt, 46. — Impraticable, *ib.* — Capitaux des particuliers, 47.

§ V. — SYSTÈME DU GOUVERNEMENT ET DE LA COMMISSION DE LA CHAMBRE DES DÉPUTÉS EN 1846.

M. Dufaure, rapporteur, 50. — Système d'occupation, *ib.* — Exigences de l'honneur national écartées, 51. — École de guerre récusée, *ib.* — But à atteindre, *ib.* — Moyens proposés, 52. — Concessions, 53. — Difficultés de l'entreprise, 54. — Main-d'œuvre, 55. — Capitaux, *ib.* — Établissements de familles, 56. — Plantations, *ib.* — Bâtiments, 57. — Défrichements, cultures, plantations, *ib.* — Bétail, *ib.* — Fourrages, 58. — Légumes, 59. — Céréales, 60. — Valeur de la terre, 61. — Régime économique, 62.

CHAPITRE VI.

DU GOUVERNEMENT DES INDIGÈNES.

Gouvernement par les indigènes, 63. — Par les Français, 66.

CHAPITRE VII.

GOUVERNEMENT DE L'ALGÉRIE.

Les hommes et les systèmes, 67. — Départements algériens, *ib.* — Raisons favorables, 68. — Combattues, *ib.* — Ministère spécial, 70. — Discussion, 72. — N'aura pas plus de succès, 74.

CHAPITRE VIII.

CONCLUSION, 76.

www.ingramcontent.com/pod-product-compliance
Lightning Source LLC
LaVergne TN
LVHW020949090426
835512LV00009B/1791